練習與自己對話

——願意當個傻女孩

張文綺 Shiny 著

第一章　練習與自我對話　學習接受自己的原貌

第二章

推薦序

自序

推薦序

王彩樺

我對文綺的第一印象是很樂觀、很有禮貌，總是笑臉迎人的小女生。看她在舞台上的表演，發現她其實是一個熱愛舞台，無論別人對她是什麼樣的看法，她總是可以接受，而且真心做自己，把自己做好。

我對她更加了解之後，發現她非常的孝順，她對爸爸、媽媽與弟弟的愛是無限的付出，讓我非常的感動，而且她從不會認為家裡開鹹酥雞店，跟她藝人身份會有一點點小落差，反而她希望將鹹酥雞事業可以做得更好，讓更多的人知道，也更能幫助家裡。

文綺是一個內心充滿愛的女生，姐妹之間她是一個很細心的小女孩，她為人善良，如果有什麼事拜託她，只要在她能力範圍內，她一定會盡力的完成。我看到文綺身上有超級多的優點，她是一位很真很真的女生。

雖然她在比賽的過程遇到了很多的挫折，但是她越挫越勇，希望自己可以變得更好，不想讓喜歡她的人與家人失望，所以她不斷地努力成長蛻變，嘗試展現不一樣的張文綺。

我喜歡文綺，因為她很像以前的我，刻苦耐勞不會喊累，不猶豫的往前衝，就為了讓自己變得更好。「做好自己」是文綺很棒的特質，也是最珍貴的，她自己常笑說：「我是小王彩樺」，哇～我都快暈倒了！

我非常喜歡她，她常講自己是小王彩樺，我感到非常的開心，她不斷努力朝著自己的目標用心學習，但其實她是很有才華的，在舞台上盡情的發揮，一直不斷不斷不斷的努力，她一定還會有更多更好的機會，我相信這本書可以讓大家更了解可愛的張文綺，而且我相信，當你了解她之後，你會更愛她。

推薦序

江坤俊 醫師

張文綺要出書啦！

很多人一定很難想像我為什麼會認識文綺，還和她這麼熟，熟到過年會全家到她家拜年……。

第一次真正見到她是在某個節目，她是助理主持，我是來賓。以前對她的印象大部分是來自於天才衝衝衝這個節目，覺得她有點智障……，像個傻大姐，但很有人緣，那時也曾懷疑她在節目上的呆是不是只是因為節目需要，單純的做效果而已……。

但和她漸漸熟悉之後，我很負責任的告訴你們，她真的是個很真的女孩，你在電視上看到她的樣子，就是她真正的樣子。

很難想像有「閱讀障礙」的張文綺與「作家」這個身分連結起來會是什麼樣子，這本書名是《練習與自己對話——願意當個傻女孩》，將文綺從小到大的成長經歷，演藝之路跌跌撞撞，再到擁有自己副業品牌，即將成為品牌CEO，一路以來的心路歷程，透過與自我對話的過程，將正能量傳遞給讀者，這是文綺的自我對話也是跟讀者交流談話。

看完這本書後，我很有感觸，因為我知道她以前的一些艱辛，我一直認為，用二個小時看完一本書，就可以將別人幾十年才走過的路走一遍，是最划算的事。

不管你現在是什麼職業，你是男是女，你現在幾歲，看完這本書，我相信它會在你心裏的某個角落引起共鳴，因為，這本書寫的是人生。

我推薦張文綺的這本新書給你。

張文綺這個讓人想不愛她都難的傻女孩……

——宋逸民 & 陳維齡

還記得第一次見到她是她來到「藝起發光」，當時的她已經是家喻戶曉的天才衝衝衝主持人，她才一開口，就把全場的藝人朋友都搞的笑翻天，我當時心想她的搞笑功力還真是了得，後來慢慢開始愈深認識她，才發現她的內心裡有一個在演藝圈好難得好難得的「單純」，所以當她告訴我她想要出一本書，而且她想要透過這本書來傳福音，她想讓大家知道，原來現在看似成功的她，一路走來竟然經歷過這麼多的不容易。

一直以來她讓我印象最深刻的就是她的「有禮貌」，和時時刻刻都把「感謝」掛在嘴上。她和家人之間的關係非常非常的緊密，她有一對非常愛她的父母，還有一個帥氣的弟弟，不管在任何場合甚至外出旅遊，只要有機會，文綺總是會邀請她的家人一起，從一打開這本書看到幼年時期文綺的種種遭遇，心裡真是好多好多的不捨，但好險她有一個好愛好愛她並且了解她的媽媽，當機立斷做了對的決定，影響了她的一生。

從家人全力支持參與歌唱大賽開始展露頭角，到後來竟然跨界參與主持得到大家的肯定和喜愛，甚至現在年紀輕輕的她，不但已經擁有自己的品牌，更在不同領域當中持續的創業，只希望可以幫助更多也擁有相同夢想的年輕人。

在這本書當中，大家會發現到有一些聖經中的經句，而那每一字每一句，都是文綺最真實渴望能和大家分享，她在接受基督信仰之後才感受到的真自由和愛。

也期許大家都能夠更加的用「心」來讀，並且感受這個傻女孩生命當中的酸甜苦辣，相信看完之後你一定會更愛她。

出去最常被問的問題就是「張文綺是真的那麼傻嗎？還是裝的？」

我心中的文綺，一點都不傻，尤其是當她聊到她想完成的事情時，她的眼睛總是會發射出閃閃的光芒。

在朋友眼裡，她大方體面；在情人眼裡，她自信同時謙遜；在家人眼裡，她孝順貼心。

十七年前剛認識的妳，是個懷抱夢想北漂的小女孩；十七年後認識的妳，蛻變成懂事貼心的輕熟女。

恭喜文綺出書了！願所有讀者可以透過文字的溫度了解她到底有多麼真。靠著她的努力達成出書的夢想，這麼認真的女人妳怎麼能不愛！

徐凱希

推薦序

「傻女孩」打開智慧之書帶我們去追夢——陳永明（金酒公司前董事長）

「我是一個總被笑傻的女孩，有人看我可愛有人說我作怪。我知道我無法滿足所有的期待，但這是我能夠展現的姿態。」

喜歡張文綺的《傻女孩》這首歌。在《練習與自己對話》書中，她也是以「願意當個傻女孩」開章的，她自認這段歌詞將個人的本質及個性表現得淋漓盡致，「我就是這樣的傻女孩，我也願意以這樣的本性活出自己的特色，因此我可以活得很自在。」

三年前，張文綺到金門跨年晚會演出，我們結緣；接續的互動過程，我看到的已不是螢光幕上的知名歌手、演員、綜藝節目主持人，而是可以從炫麗的舞台卸下妝、轉個身，假日回到家中開的鹹酥雞店當店員的傻妹妹。

從小有「閱讀障礙」，也因「靈異體質」駐守過宮廟，從《超級星光大道》出道到《叫我女王》的演藝之路走得並不順遂；轉個彎看到更美的風景，文綺從信仰上帝找到新的力量，激出新能量，有了自己副業品牌，化身CEO。

《練習與自己對話——願意當個傻女孩》，文綺走入文字世界的第一本書。不是文學創作，也非企業概論；她敞開了心內的門窗，為愛朗讀；一章一節，環環緊扣、動線流暢的經驗分享，跟自己也跟讀者的對話、書寫形式，有節奏也有畫面地傳遞出「真實演自己」，「勇敢做主角」。構成一部有溫度的對話之書，也是有感度的練習之書。

文綺說自己「傻」，我卻看到她的「真」；文綺說自己並不「聰明」，我卻看到她的「智慧」。

打開吧！「傻女孩」就要透過智慧之書帶我們去追夢！

推薦序

綺麗人生

——黃子佼

這本書，是文綺真心的剖白，台下的她或青春的她，是我未曾理解的故事，讓人驚喜又心疼。而我眼前的她：阿莎力、愛家人、愛朋友、自嘲歡樂，也渴望愛情，但總在說笑之間雲淡風輕。真真假假，我不會多問，平安健康擺第一，其他的，心知肚明一笑置之就好。所以，line群組裡，我們最常提醒她的是：身體不舒服就快去看醫生！然後，大夥很愛翻拍她手寫的卡片，因為總挑得到錯字，是另類笑點。

那些錯字，或是她在語彙上的錯置（例如喝過洋墨水會被她簡化為洋水，聽起來很爆笑），不意外的，果然都跟成長背景有關。而她，似乎也知道這就是她的特色。逗大家開心，當仁不讓。成長歷程的悲歡，書裡都有分享。所以因材施教非常重要；所以打罵要適可而止；所以轉換跑道更要及時；所以貴人老師必須感恩。而她一度變身乩童，這轉折讓我們很震撼，但如果過程中，她與信眾都得到釋放，我們也只能旁觀。後來她遇到神的指引，飯局上多了這類發言，只不過黃氏宗親會弟弟妹妹都接不上，但也知道，起碼她得到了身心靈上的平靜安定與寄託。

某年，當我知道北漂的她，為了生計到東區居酒屋端盤子打工，便呼朋引伴去捧場，她輕描淡寫，我也不多問，內心有點不捨與不解，一個有唱跳才華女孩的際遇……但又欽佩她放下身段的勇氣及面對現實的決心。一路到今天，她開始經營副業，有聲有色有模有樣，書裡還大篇幅分享她的理念，完全不怕商業機密被窺探呀？我不禁開始幻想，未來的她是什麼模樣？說實話，我猜不透，卻不擔心，只有滿滿的期待。

這幾年因為書本推薦邀約多，我已不再為書作序，頂多掛名推薦，促動大眾閱讀。但為了苗可麗姊與老婆破例2次！現在又為文綺再次破例。因為，我們是沒有血緣的家人。

梁赫群

聽聞文綺要出新書，一時又驚又喜，驚的是活潑好動的她，怎麼有心思和時間坐下來好好的分享自己，寫下這本書；喜的是大家以為橫空出世的文綺，其實是充滿閱歷與正能量的，早該把自己「別人笑我傻，我笑他人看不穿」的人生哲學貢獻出來！

家裡做鹹酥雞生意，半工半讀，為了追尋夢想北上參加歌唱比賽，進而加入了這個不只是興趣，還需要實力與學習力的演藝圈，慢慢相處覺得，看到的不只是她的傻，還有她的真，跟堅持的態度！

這幾年有幸一起工作，更發現了她的好人緣，自己一步一腳印買了新家，多少大哥大姐爭相來祝賀，出外景走遍台灣與外島，哪裡都有她的朋友，不只是年輕人，長輩更喜歡他，就可以知道她的成功與圓融，很開心聽到她出書的消息，「不要說她傻，因為她也傻出一片天」，值得大家細細品味！

人生的際遇對我來說：就是「我演故我在」，也就是我常常跟大家分享的心情寫照，今天對照到張文綺的成長，我必須說：『……雖然「我演故我在」，但「她在她可愛」。』

她的可愛不是一般人可以做到的，其實全台灣愛唱歌的人很多，有才華的人也很多，但有像她這麼好運相伴，貴人常在的，那就不一定了。

我眼看著張文綺從小女人慢慢的長大成熟，學習世故懂事，真的太感動了，這些轉變的成長日漸完整，非常地 follow 她的歌迷、影迷們，一定能夠感受到她因為身心靈的轉變所帶來的不同。

我何其有幸，每週跟她見一次面，我清楚的看到張文綺從無到有，慢慢的成長茁壯，人生對她來說，是一個充滿挑戰和喜悅的故事，她面對它，也成就了她。

我覺得未來的張文綺還有很多的可能，現在剛開始學著做生意，未來搞不好學著做人妻，做人家的老母。

她的書希望可以給很多人帶來力量，作為借鏡，作為一種仿效的可能……用個話跟妳和所有廣大支持妳的朋友們共勉~

「健康第一．其他是戲．快樂活到老．學到掛牆壁！」

文綺加油~祝福妳！

常在節目碰頭注意到這小妮子，主動、熱情、大方，雖然有9歲的差距，卻一見如故；連一起上外景節目「黏TT」，喊卡也有說不完的話，私底下也會常出遊聚會；出了新書名副標叫「願意當個傻女孩」，可我心裡文綺一點也不傻。

演藝圈常講人設，若不真實，就很難長久，文綺的「真誠」、「坦率」則是始終如一，大辣辣、喜怒形於色，卻讓人喜歡。喜歡聽歌，就去模仿，去唱歌跳舞，對於想做的事情有絕大的熱情；面對低潮挫折，不放棄努力，也有轉念的能力，是我從她身上看到最大的優點。

這不是天賦，是人格特質，當然也是一種很正面的力量。

——楊千霈

文綺對於很多事情，不管正負面，有很細膩的觀察力，她甚至還記得我們初次見面是以歌手身分二〇一四年來上我主持的節目《我們的那首歌》，以及當天錄影的花絮；充滿「感恩」也是性格走向正循環的關鍵。總是默默觀察別人的優點，去學習、去感受，去突破自己，再充滿感謝，所以才有源源不絕的福報。她總謙虛是傻，但這些，是已經內化成她性格的一部分，就是「善良」。

給自己的紀錄，也鼓勵曾經低潮的人們，找到對的方向，讓自己從心得到喜樂進步。恭喜文綺出書！

嗨！您們好！很開心與你們相遇，哈哈！沒想到是用這種方式吧！我也沒想過呢!?我以為只能透過電視、網路，才能與您們相遇！但這次不一樣了，我想用不一樣的方式來對您們說話！首先要先謝謝正在看我這本書的您們，花時間來認識我的人生，我從沒想過我的第一本書是這樣來的，原本天真以為自己要出的是寫真集，但上帝總是給我最好的，遠遠超乎你的所求所想，原來我也是能跟「文字書」沾上邊的，哈哈！讓我想起一段經文「在人不能的，在神凡事都能」。

當我在三十歲有了想出書的想法時，在這時間點上我的生命中突然出現了一位貴人，華品文創出版公司的老闆——湯姆哥，還有 F 姐願意幫我整理文字，真的是令我感到非常的驚喜以及驚訝！他讓我說出我這三十年來的故事，有高山有低谷，有淚水有歡喜！我特別要謝謝一路在我生命中出現的每一個人，不管是家人、朋友、工作夥伴和愛我的粉絲朋友們，還有時代創藝公司老闆與團隊專業指導我，以及歷任經紀人與維尼，謝謝您們耐心的幫助我成長很多、進步很多。您們都是我的貴人，你們都是我生命中最重要的一部分！也是我的養分，沒有你們，沒有今天的「張文綺」。

在籌備這本書的同時也是讓我有機會好好審視，回頭看看我人生的點點滴滴，這是一個怎麼樣的過程：我很開心也很榮幸，可以在三十歲時與你們分享！想著想著心裡充滿著感謝以及感恩。記得有一天城哥跟我說：「張文綺，妳有用不盡的福報」，我說：「不！那是上帝對我的慈愛和憐憫，以及滿滿的恩典，讓我的人生可以這麼精彩」。

三十歲以前的故事，對我來說只是我人生的一小部分，也是我人生的轉捩點，將是我另外一個階段的開始。在未來，我相信上帝一定會讓我擁有更多更精彩的人生！希望未來的十年，二十年，三十年，我可以繼續地與你們分享，屬於我和你每一階段的故事，讓我們做一個彼此心靈交通的夥伴。

每個人都想被了解，我想成為那個被了解的人！也希望在這本書裡，可以藉由我的故事，鼓勵到你們，或是對人生有另外的領受！我的人生有了你們，有了信仰，變得更不一樣，邀請正在看書的您，和我一起進入那屬於我們的「綺麗世界」吧！

願上帝祝福每一個的你，耶穌愛你！我也愛你！

耶穌說：我來了，是要叫羊得生命，並且得的更豐盛。——約翰福音 John 10:10

01

接受自己的原貌
練習與自己對話

“

嘿！小女孩，

有些人從小就很會讀書，有些人很會畫畫，有些人從小就是音樂神童，而妳雖然不太會讀書，但妳熱愛表演，放開雙手，盡情去享受生命要帶給妳的。

在求學期間，難免會有同儕間互相比較，別讓外在眼光和言語影響妳，讓恐懼吞噬了妳純粹的心，妳不差，妳只差那麼一點自信心，天生我材必有用，要為自己勇敢一次。

”

就算別人說我傻，我也要做我自己

「妳為何看起來一直都很快樂的樣子？」、「妳講話那麼直，一點都不假，這是真的嗎？」、「妳總是傻傻的，到底是真的沒心眼，還是為了節目效果？」以上這些問題是很多粉絲和觀眾對我的疑問，你們是否也會好奇，我私底下是不是真的像電視節目裡那麼「憨直」？

和我相處過的人都知道，在螢光幕前被看到的我，和私底下的我是完全一樣的。我從來都不假裝樂觀，也不裝笨，老實說，那是因為我本來就不聰明，所以不必假裝。我也不必為了節目效果，而勉強自己做什麼或說什麼，像我之前說的，因為我沒有足夠聰明的腦袋去想太多，所以我在工作上，或是生活上，就是單純的呈現出我自己。

對於大家的讚美或是疑問，我可以誠實的說：「因為我是傻女孩，所以，我以最簡單、最單純的自己，活出屬於我的人生，這也就是你們現在所看到最真實的我。」

我從不隱藏自己「真」的一面，心裡想什麼就表現出什麼，說話也是出於真心，所以被冠上「傻」的封號，我的唱片公司還曾經幫我特別製作一首歌曲就叫「傻女孩」。

這首歌裡有段歌詞是這樣寫的：「我是一個總被笑傻的女孩，有人看我可愛，有人說我作怪。我知道我無法滿足所有的期待，但這是我能夠展現的姿態。」這段歌詞將我的本質及個性表現的淋漓盡致。我就是這樣的傻女孩，我也願意以這樣的本性活出自己的特色，因此我可以活得很自在。

我並不討厭別人用「傻」來形容我，我覺得真心當個傻女孩對待人、事、物本來就是我的天性，我不會想太多，也許這就是造就我樂觀和坦率性格的原因。而在成長的道路上，難免會因此遭遇挫折，但我會一直保持這個樣子活出真正的自我，從過去到未來都會是這樣子。

夢想之路不是直的，轉個彎看到更美的風景

我自幼就比別人早熟，很小就會思考自己長大要做什麼。為了自己熱愛的興趣「唱歌」，從十三歲開始，我就主動報名參加各種大小不一的歌唱比賽。對於熱愛的事情，我願意付出比別人更多的努力去學習和參與。

雖然到現在，在歌唱事業上沒有達到我預期的成果，但卻因此無心插柳的成為綜藝節目主持人，這是我想都沒想到的角色，現在大家對我最有印象

的，應該是主持「綜藝節目」的藝人，而不是歌手吧。

在成為主持人之後，我的知名度大增，大家對我更加認識了，這樣的轉變，讓我開始對於自我的想法，和人生定位有不同的思考方式。在我的成長過程中，一直認定我「唯一」的優點，是可以養活自己的唱歌才能，現在回頭看，那比較像是一個必要的努力過程而不是結果。在這過程中，我得到了探索自己潛能的機會。因為有這個過程的滋養，就算我沒有達到「原來規劃」的目標，但我卻因此產生了力量及機會，也才能夠有機會往其它的領域發展。

因為從小被誇獎的，只有歌唱和跳舞的表演才能，其它事情都不在行，所以，我也曾經按照別人的稱讚話語來定義自己。

為了要得到肯定，在青少年那個容易迷惘的時期，我曾經認為我的發展是有限的、我是不夠好的，「如果我不這樣，就不能那樣」的想法，讓我擔心未來的前途，因此曾做出一些讓家人生氣失望的事情。

進入演藝圈後，成為歌手之夢雖然達到了，但並沒有唱出很好的成績，於是我陷入到另一個人生的谷底，感覺做什麼事都不順利，那時的我對於生命充滿了無力感。

應該有很多人在職場、愛情受挫之後，都會跟我一樣，想要尋求無形的力量來幫助自己吧！也就在那脆弱的時刻，我做了一些傻事，那是一段，現在回想起來都覺得不可思議的事情。

原先是以歌手的身份，才讓我有機會接觸綜藝節目，但是，在上了幾次綜藝節目之後，我發現，我很享受能帶給觀眾愉快心情的過程和結果。那是因為真心喜歡這樣的互動，以及每次錄影時的快樂，今年已經是主持綜藝節目第八年了，我仍樂此不疲，以直率、坦白的傻勁本性在節目中展現，未來我也希望能一直這樣繼續下去。

每次收到粉絲留言說：「看到文綺笨笨的好可愛。」、「文綺的正能量鼓勵了我。」這類正向的回饋，我心中就充滿著感恩及滿足。

進入演藝圈已經十幾年，大家都知道，這是一個相較於普通職場更複雜的環境。做為一個藝人，要面對人、事、物的瞬息萬變是生活的日常。

在離開舞台卸下裝扮後，觀眾看不到的是，從事演藝事業的我們，應該要如何訓練自己強壯的心志，以及面對社群媒體上的批評、冷嘲熱諷，還能保持自己的正能量。作為藝人或公眾人物很難的是，在訓練自己適應這個環境的過程中，還要能堅持自己的本性，不受外界影響而改變初心。

從成長過程至求學，到進入演藝圈這個路途，我可以說是「跌跌撞撞」

走出來的，這段路回想起來，還是會有陰影和不愉快的回憶出現。**面對自己的陰暗面需要勇氣，而如何克服它們則需要方法。**

每當我想到這些過去的創傷，情緒開始變得有些負面時，我的方法就是開始禱告。

藉由與上帝的對話，我的念頭也開始轉變了，慢慢的我體會到，與自己的神、與自己的心靈對話，是自我療癒的方法。當我每次靜下心來，自己向自己發問時，我彷彿在和過去的我進行一場和解的對談。

在三十歲的此時，經過無數次與自己的對話練習後，我很幸運認識了引領我的神，祂給了我不凡的信心。也讓我找回了自信，所以現在我可以說，過去那些傷害我的、令我感到不堪的事，我都已漸漸放下。而那些我被輕蔑、嘲笑的過去也都可以釋懷了。

有時候一個人夜晚躺在床上時，我會問自己：「難道是因為我天性樂觀，才能這樣輕易跨過這些成長的傷痕嗎？是不是有另外的人或神在幫助我？」答案是肯定的，**我們都需要別人或更高的力量來協助自己，但一定要自己先幫助自己。**

這種「與自我的對話」真的很難，因為我們面對的是自己，所以必須誠實以對。對待別人要誠實是應該的，但面對自己時，我們會真的誠實嗎？「不面對也沒關係啊！最好都忘掉吧！」我也曾經有這樣想的時候。

如果我們無法或是不夠堅強，沒有勇氣和方法面對自己的心，我會建議你們開始禱告，讓神來幫助你。**這是我成為基督徒之後最大的體悟。**

誠實面對陰暗面，成為更好的自己

做為一個藝人，一舉一動都會被放大檢視的，如果連我自己都有不願面對的陰暗面，那還有什麼資格說：「我希望能帶給粉絲們這些正能量。」

所以，在神的帶領下，我用「真心」來看待一路走來最真實的自己，並且在每次與自己的對話中，重新檢視自己的內心是否還存有「真與善」的本質。

就像之前所說，我沒有聰明的腦袋，也不是記性很好的人，小時候甚至被判定為有「閱讀障礙」。也因為記憶力不好，所以對於別人帶給我的傷害，或是遭遇到的痛苦，說實在的，我真的記不太起來，倒是媽媽反而記得比我清楚。所以在別人提到我童年，或是青少年時期發生過的事情時，我還要請問媽媽，才能證明確實有發生過這些事情。

回到之前我自己問自己的問題，是否因為我太容易忘記令我不愉快的事，所以在遇到挫折或是受到傷害時，反而讓我不會將這些記憶儲存在腦海中，也許我的腦中有個橡皮擦，隨時會擦去令我不愉快的記憶，但真的是這樣嗎？

記憶雖然不清晰甚至根本不記得，但發生這些事情時，心裡所感受到的悲傷、快樂卻存在著，只是我們不記得，但卻影響著我們後來的行為及想法。你們是不是也有過這種經驗，對於有些事情發生的細節不記得，但卻記得當時面對這件事時的情緒反應？對當下的情節沒有記憶，但聽到某段音樂，或是聞到某種味道，就會突然出現不知從何而來的情緒？

我大概就是這樣的人。

每個人的成長都有傷痛，我也有，成長過程的快樂，當然在我身上也一樣會有。尤其是在進入演藝圈後，遇到的人、事、物比過往複雜了許多，人情冷暖的感受也更深刻，但我不想讓這些令人灰心的現實，而改變我天生的「無厘頭」，以及大家說我的「自然傻」。

每當有人說我笨，或是質疑我的表現，我就跟上帝禱告，並開始和自己說話的過程，而在每一次的自我對話後，我都會多得到一些信心和指引。

想到這裡，我的靈感出現了，原來，我之所以能保持自己的率真天性，是因為我常常的「自問自答」。我會直接和我那些傷心、絕望、愉快、滿足的心緒及思考對話，也在與自己的對話過程中，找到療癒自己的方法。

自己和自己的對話過程陪著我長大至今，而且讓我有想要變成更好的自己。如果你也有感到困惑的時候，不妨學學我，靜下心來和自己聊聊天。

要成為更好的自己不能只用說的，必需要付出實際的行動。經過成長至今的迷失及歷練，現在的我，雖不能說是成功，但卻也達到了許多與我同年齡，以及同樣領域的人覺得不錯的成就。

所以，我在此時許下願望，並且願意大膽的承諾：「**接下來的我，要轉型成為能給年輕人希望、能負起社會責任、能傳承父母的愛的人。**」

話說我的成長過程曾有過許多挫折，但每一次我都沒有被擊倒，原因是愛我的人從沒放棄過我。而我自己也從困境中，想辦法奮力爬出，找到其它的出路。

每一次的危機都增加了我的力量，也都給了我更大的信心。在家人、朋友和貴人們的關愛支持下，我將憑藉著這些關愛所給予的勇氣，繼續努力拚下去。

為什麼我那麼笨？原來學習障礙是上天給的禮物

我的童年在許多人眼裡看來是很幸運的。除了被父母像公主般呵護富養著，就算成績不好，但也讀到了大學。可是大家沒看到的是，在求學過程中，若不是媽媽的陪伴，以及她對於孩子教養心態由「鋼鐵般的控制」，轉變為「柔軟溫柔的陪伴」，我極有可能在成長的過程中迷失自己，而走不回來了。

從小因為閱讀和認字有障礙，因此看不懂課本，我在課業上的表現非常糟糕，大概都是班上倒數前幾名。我的作業幾乎都要靠媽媽幫忙才能完成，這不是因為我懶惰不願寫功課，而是我真的看不懂，所以只能坐在書桌前，看著寫不出來的作業哭泣。

在學校讀書時的我，閱讀課本對我來說就好像是在看天書，雖然很努力了，卻無法準確認出這些字是什麼意思，更不要說要寫那麼多字的週記或是作文。

基本上我是那種被認為有「閱讀障礙」的小孩。像我這樣有學習障礙的孩子，不要說老師很頭疼，連同學都不想要跟我做朋友，因此我小學時幾乎是沒有朋友。

為了能讓我順利完成回家作業，媽媽就算生氣，甚至有好幾次都氣到想要打我，但也只好無奈的幫忙哭泣的我完成作業，好讓我能趕快去睡覺。

雖然認字對我來說沒那麼容易，但奇怪的是，我的注音拼音能力卻很優秀，這可能是因為小時候字認的少，為了要在課堂上朗讀課本，所以練就注音拼音成為我最厲害的能力。

沒想到在我長大之後，注音拼音能力在「天才衝衝衝」綜藝節目，成為大家注意的才能，在注音拼音相關的競賽時，我因為表現優秀而被網友們封為「注音女王」。

但大家應該沒想到，這全是因為小時候比較少讀書，所以注音拼音成為我很厲害的能力。我可以把ㄣㄥㄤ分得很清楚，並在節目單元裡很快的反應出來。而我那優異的注音拼音能力的養成，卻是因為「閱讀障礙」看文字太慢而練成的，說起來真是諷刺。

直到現在，每次講起上小學前的往事，媽媽就會興高采烈的說：「文綺還沒上學前，是全家族的開心果，十分好動，對於音樂很敏感，常會隨著節奏起舞，所以鄰居和長輩都一致認為我很聰明，以後唸書會不得了……」她說過很多次，小時候家族裡的長輩對我的期待都很高。

我在成長過程中十分好動，對音樂敏感度很高，連我的鋼琴老師都認為我很棒很聰明，以後唸書一定不得了，那時他們應該都刻意忽略音樂和讀書是完全不同的兩件事。我不論在學習跳舞，彈鋼琴方面的表現都很棒，但只要一跟需要背誦或是畫出來的課程有關，我就完全莫可奈何。

只是每次上鋼琴課時，若班上來了新同學，我就會心不在焉，整堂課盯著新同學看，可能是因為太好奇，我會很認真的去觀察新同學的一舉一動。這種奇怪的「習性」，老師沒辦法阻止，不過這樣也影響了我在課堂上的學習。

現在想起來，這樣的行為可能是因為我對於「人」非常好奇，我喜歡觀察人，並且想去了解他們在想什麼。現在我也還有這種習性，到了一個新環境，我會用心觀察我不認識的人，彷彿這樣做才能有安全感。

讀國小時，家人原來對我懷抱著很大期望，但最後還是接受了我「不會讀書」的事實，媽媽常問我：「為何妳音樂方面看的懂音符，學校上的課和教科書怎麼會看不懂？」當時年幼的我當然答不出來，「我也想要會啊，但不會就是不會！」我也不知道為什麼？所以有時媽媽又急又氣，就會忍不住想修理我。

對於「閱讀障礙」這點要如何克服？因為有這個問題，我不僅在唸書上比別人辛苦，人家花一個小時讀的書，我要讀十個小時才能讀完，就連之後演戲的台詞，或是需要記下文字的講稿，我都無法背起來，這也是我為何對擔任戲劇演員會比較猶豫的原因之一。

大概也因為如此，從小我就比別人更能「隨機應變」的表達或是反應，這樣不能背稿，或背不起事先準備說話內容的「缺陷」，反而讓我的頭腦在應對上被訓練的更靈活。如果我參加的考試有術科和筆試一起考，對我來講筆試一定是最需要克服的那一道難關，術科則難不倒我。

很多人不知道，在考駕照時為了應付筆試，媽媽要一字一字的將課本唸給我聽，一個字一個字的教我背下來，別人看一個小時就可以上場的筆試教材，我要花三到五倍的時間才能學起來，但我在學手排車路考時一學就會，因此駕照考一次就過關了。

就算是無法順暢閱讀文字的我，已經考取了中餐丙級廚師證照，接下來我還想要去考西餐的廚師證照。

會想去考廚師證照 1 ，除了是因為自己很愛吃，對吃的食物有一定要求外，我也要感謝「型男大主廚」這個節目，因為上了節目之後，讓我覺得自己還滿有天份的，所以想要進一步研究廚藝 2 ，嘗試看看不同的食材，可以在我手中做出什麼樣的美味料理。

我最喜歡看別人吃我做的料理，每次煮給朋友或是家人吃，如果他們吃的津津有味，我就會很有成就感。平常有點憨憨的我，在美食上可是一點都不笨。

1 考取廚師證照

2 進一步研究廚藝

對於自己想學會以及愛做的事，即使要花比別人更多的時間也想要學會，也許是這份不願放棄的執念，讓我的演藝之路能繼續走下去，也讓我認真地規劃下一步的人生藍圖。

小時候家裡開銀樓，因為安全考量，在家中裝有監視器。父母因為太忙無法管到我和弟弟的課業，所以就「順便」在我唸書的三樓房間裡裝了一台監視器，用來監督我有沒有好好讀書。不過就算有監視器，我還是無法將心思放在課業上，常常二個小時下來連一頁課文都讀不完。

在學校的表現證明我在讀書這方面是不行的，也由於成績不好，我更害怕去面對課業，愈逃避讀書成績就會愈糟糕，這樣就成了一個惡性循環，我變得不願意去接觸任何與課業有關的事情，更不想用心努力學業，對於學校所教的課業我徹底的放棄也不願去試了。

考試沒有唸書要怎麼去應考呢？再怎麼不想去學校，國民基本教育還是要唸完，硬著頭皮去考試時因為看不懂題目，為了不要交白卷，我每次考試的選擇題就重複輪流填上ABCD……ABCD……。由於實在考的太糟糕了，媽媽在看到成績時免不了會發脾氣責怪我。

我知道她是「恨鐵不成鋼」，但是那一段時間我覺得很討厭媽媽。大家現在看我們母女的感情那麼好，應該很難想像那時的我有多想逃離她。

媽媽以前在學校教書，對學生的要求很高，她認為學生在嚴格要求下才能有好的表現，這是她那個年代接受傳統教育根深蒂固的觀念，所以她對待我也是如此。只要我功課表現不好，她就會一個巴掌打過來，這件事其實對我幼小的心靈造成很大的陰影。

直到有一天，我不經意間跟鄰居說：「我很不喜歡我的媽媽，因為她會打我。」而當鄰居轉述給媽媽聽後，她非常難過和不解，因為她一直認為這是為了我好，而且在她的成長過程裡，小孩不讀書打兩下是很正常的事。這時她才驚覺打我這件事對我造成的影響。她覺得對我很抱歉，從此再也沒有動手打過我了。

如果早知追求夢想要付出那麼辛苦的代價，我還是願意

我從小就很愛聽流行歌曲，已經愛到痴迷的程度。那時蔡依林、羅志祥、周杰倫、SHE、Energy、王心凌等正當紅的時期，他們唱歌和跳舞的樣子深深印在我青少年時期的腦子裡，成為像他們一樣的藝人是我的夢想，這也是讓我後來成為唱跳歌手的契機。

對於這些偶像的崇拜，只有聽歌和看MV還不夠，我會下載他們的KTV伴唱帶自己練習。在沒人注意的時候，會自己對著鏡子又唱又跳的模仿，這些當然是瞞著我的家人們做的，因為他們要我好好專注在課業上。

那時我的父母不知道我要成為歌手的夢想已經成形，而且也在找機會躍躍欲試。

我下載了很多當紅歌手的音樂，上課時就帶著耳機趴著假裝睡覺，但其實我是在聽歌。叛逆的我，在當時似懂非懂的年紀時，似乎已經知道「音樂和跳舞就是我要追求的目標」。

但是生長在重視教育、希望孩子把書讀好的家庭中，我要如何跟家人說：「我要當歌手不想讀書。」

這種與主流價值不同的想法，我不敢說出來，因為我擔心家人會不諒解，最後也只能挨一頓打罵，所以我也就放在心裡，但我並沒有放棄，有機會練習時就在家裡又唱又跳，想像自己是站上舞台的藝人。

雖然我對於唱歌跳舞的夢想一直埋在心裡沒有說出來，但經過了一段時間的觀察，媽媽還是發現我對於學業非常心不在焉，也沒有想要努力的打算。再加上唸書的能力不足，她終於願意承認我不是讀書的那塊料。

同時，她也煩惱繼續這樣下去，我在同學間的互相比較，以及學校的不重視之下，會失去自信心。媽媽認為，從小就沒有信心比起課業不好更嚴重，會是一件影響未來的大事，所以她也傷透腦筋為我的將來想辦法。

對我期待很高的媽媽，雖然當時沒有頭緒，但仍想方設法的想要幫助我。後來她跟我說，從小時候開始，當我在舞台上表演時，我的眼神就是發亮的，整個人是發光耀眼的，天生就有明星的架勢。因此當時她心裡想，也許讓我朝向音樂、跳舞的方向走，可以找到我能夠發揮的地方，所以她就不再執著於要我唸書這件事。

確實我從小就喜歡在眾人前表演，也都能自帶閃光在舞台上吸引注意，所以在我小學一年級時，媽媽就送我去學習民族舞蹈。[3]

不知應該說媽媽很有遠見，還是巧合，當她發現我有閱讀障礙後，就想讓我轉換方向，朝著舞蹈才藝去發展，這也剛好是我心裡想要走的路。

由於我有舞蹈底子，媽媽心裡做好決定，讓我去報考高雄市唯一設有藝術才能舞蹈班的國小。

那是競爭激烈的考試，報考的人幾乎都是很有舞蹈才能的孩子，而且全高雄市也只有招收這一班學生。幸好藝術才能舞蹈班考試沒有筆試，所以我在小學三年級那年順利考上舞蹈班。[4]

3 學習民族舞蹈

4 順利考上舞蹈班

「太好了！終於可以不用一直面對看不懂的課本了。」我當時沒想得太多，只覺得考進舞蹈班只要每天跳舞就行，能夠不用看課本念書是當時我心中覺得最棒的事。

剛轉進新的學校，就有一些學姐們紛紛來認我這個小學妹，並時常在下課時來找我聊天。由於我是家裡的老大，突然有這麼多姐姐來關照我，讓我覺得受寵若驚，那段日子對於一個小孩來說真的很甜蜜，現在回想起來都還會微笑。雖然在學校裡仍舊有課業要學習，也有同儕間比較能力優秀與否的壓力，但我對於多了這些姐姐而感受到的快樂維持了好一段時間。

但好景不常，進入舞蹈班後的壓力讓小小年紀的我身心俱疲。當時會學習跳舞的孩子，大多數家庭環境都不錯，有些菁英家庭出身的孩子，身上自然會散發出一種優越感。

在我看來，大部份的同學們，對於人生好像已設定好遠大的目標。那些早已有規劃的優秀小孩，他們的下一步是要考進藝術大學，接下來是出國深造，未來的願望是成為知名舞者。他們心裡想的，和我這種單純只想藉由跳舞培養自信心的小孩不同。

同學之間相互比較的壓力，讓我需要花更多時間來練習，才能和大家一樣強。我花了更多精力和時間在精進舞藝上，壓根沒想到學生還是要唸書這件事。

本來學業成績就不好的我，成績更是直直往下掉。也因為功課太糟糕，而被同學看不起，交不到知心的朋友。

除了課業成績排在後段外，原本我以為我有的舞蹈天份，但在這群菁英同學裡根本就不算什麼。舞蹈班在校慶時的表演幾乎是全班都上場的，但我沒有被安排進去，只能坐在場邊看著同學們跳舞。

我看著場上表演的同學，在心裡問：「我是屬於這班的嗎？」我的存在感小到連我自己都快看不見了。

在舞蹈班裡，不只孩子們相互比較成績及舞蹈表現，家長間也會互相比較。比如：這次的表演誰的角色、頭銜比較重要？誰是站在 C 位？誰家的孩子比較受到歡迎？等等的較量心態。

每次表演或訓練完，我都被這些「比較來比較去」的言語和氣氛包圍著，有一天我突然覺得曾經讓我愉悅的舞蹈，開始變的沈重而不再快樂了。

十歲那段時間，據說是女孩子身高長最快的時候，但我讀一年舞蹈班，卻連一公分都沒長。除了正常發育變的不太正常，學業成績也變得更差。

就在媽媽參加完一次學校辦的「母姐會」後，「菁英同學」家長們對她的冷嘲熱諷，以及我因為成績太差，被同學排斥這件事感到非常憂心，她擔心原本已經沒有自信心的我，會連最後一點自信心都被消滅掉。於是媽媽又做了一個決定，就是把我轉回到原來離家最近的普通國小。

媽媽做的這個決定，對我的影響很大。

轉學回到原來的小學後，和競爭激烈的城市相較，這裡是個比較純樸的地方，同學和家長也單純許多。而回到普通小學的我「突然」覺得自己變厲害了，老師也常誇獎我。並且因為我有「特殊才藝」的專長，所以對我的課業成績要求不高，這時我才感受到，我除了讀書之外，還是有很多優點是讓人肯定的，所以我又慢慢找回自我的價值感。

因為受過那一年舞蹈班的訓練，我的表現再度成為大家注目的焦點。我也因此可以代表學校出去表演或是比賽，那種被重視的感覺，對於成長中的孩子來說，是奠定自信心的基石，而我也把自信心一點一點找了回來。

像搭雲霄飛車般峰迴路轉的求學之路，是上帝給的恩典

這段發生在我小學的故事為何讓我記憶如此深刻，因為那是我開始接觸到人群，學習社會化的重要階段。對大多數人來說，這個時期應該是無憂無慮的成長階段，但我卻過得有些波折和不順利。

我幼年的求學過程是從被認定有「閱讀障礙」，不被人抱有期望開始的，這樣的我也無法建立出價值感。

為了幫助我，家人將我轉去舞蹈班，以為這樣我可以重拾信心，建立正常人際關係，但沒想到，我卻在更嚴厲的比較下，失去本來就不多的自信心，

進而影響到生理發育。

這過程中，時而高興到頂點，時而沮喪到低點的巨大落差，像坐雲霄飛車一般，如果不是父母發現我情緒高低起伏，安排我到適當的學習環境，我可能也無法有像現在這樣樂觀直率的性格。

我有問媽媽，當時她是怎麼發現我在舞蹈班上課時一點都不快樂，甚至還有點壓抑？

她說：「妳天生就是憨憨的，沒有足夠智慧講出妳心理的壓力，但我去學校看妳時，發現妳在團體裡的表現又弱又沒信心。再加上壓力太大，影響成長，所以媽媽覺得還是讓妳輕鬆長大就好，健康才是最重要的事。」

確實是這樣的，舞蹈班的同學能力和功課學習都比我好，在都是菁英的競爭壓力之下，我就變成是「很不行」的那個小孩。也因為課業上顯得特別笨，而沒有人想跟我當朋友，長久下來我一定會生病或是心態扭曲。

但我轉回普通國小後就不一樣了，我的唱歌跳舞能力反而被看見了，更有發揮的空間。我很感謝我的媽媽，她當年願意放下「有個考進舞蹈班的女兒」的虛榮感，接受我就是一個很普通的小孩，才能讓我好好成長。

在求學時，家長扮演的角色很重要。我父母對於讀書這件事的看法差別很大，我爸爸認為一定要大學畢業才能嫁到好老公。這種想法聽起來很可笑，但傳統的父母常常會掉入到這種思維裡。

我媽媽則是相反，她看到我往其他方向發展的可能性，她認為如果硬要逼我唸書，就算勉強唸到大學畢業，我也找不到好工作，而且在這求學過程中，挫敗感有可能會影響到我的身心健康。

她希望我依照自己的特質和喜好走出自己的路，雖然不是要我去當明星，但至少她不想要壓抑我，以免我在外面會以不知道什麼樣的方式將壓力釋放出來，然後他們什麼都不知道。

這段成長經歷，讓我想跟已經當父母的朋友或粉絲們說，**不要把自己的夢想或是幻想加在孩子身上，像是灌輸孩子要努力讀書當醫師、當律師、當台積電工程師這樣的期待。**

也許你的孩子喜歡的是繪畫、音樂、舞蹈或其它社會上認為較難賺到錢，或較難找到工作的藝術、哲學類的科目，你也應該要全力支持。孩子必須在父母的支持下學習才會有自信，誰知道未來他們的專長也許就是最讓父母驕傲的成就。

童年的事，聽起來好像只是個小學生很有才藝，但是功課不好，轉學來來去去的普通故事，但這個歷程對於小小年紀的我，卻是重拾自信心很重要的經驗。包含我在高中幼保舞蹈科就學時，對於帶小孩跳舞互動的科目表現得很好，也要歸功於我小時候的舞蹈訓練。雖然我只有待過一年的舞蹈班，體驗到很大的壓力，但我還是覺得自己是幸運的。

到底那一年舞蹈班的經歷是好是壞？這種如洗三溫暖般的過程，現在回想起來，我有了「見好不是好，見壞不是壞」的領悟。因為在逆境中我們還是會有很多可以領受到的禮物，對於這些過程我內心充滿了感謝。

我要對跟我一樣，在以功課為主的教育制度裡遇到挫折的年輕人說：「如果因為學習不好在團體裡被排擠，在校園裡被人用言語或是暴力對待而造成傷害，這種霸凌事件，一定要勇敢跟父母親或師長說，不要不敢講出來。」

如果我們自己不說出來求助，大人們不會知道你發生什麼事，不知怎麼幫你解決，如果沒有人幫忙，也許你會用不恰當或是不適合的方式來抒解，這樣是很危險的。

幸好那時候我有回頭找自己的家庭求助，我知道很多成長中的青少年會把情緒或事情憋在心裡，但是適時和信任的人溝通是很必要的。

我在那時雖然年紀小，但我知道向媽媽求助對自己很重要。記得我哭著問媽媽：「我真的那麼差嗎？我真的很不行嗎？」我知道自我反省是自己要做的功課，但也需要讓自己最親近的父母來幫助安慰你，才能順利度過成長的苦澀。

當初為了讓我甘願轉回原來的普通小學，媽媽拿我最喜歡的事來「利誘」我，她建議說：「我看妳很喜歡唱歌，要不然我讓妳去學唱歌，妳就不要跳舞了。」

那時是張惠妹最紅的時候，我確實常在家裡吊嗓子唱「聽海」、「哭不出來」、「姐妹」那些歌，也許是我一直「鬼吼鬼叫」般的唱歌引起全家人的注意，所以媽媽就想出這招。她答應我，如果願意轉回原來的學校，就讓我去學唱歌。

「唱歌，那是我最喜歡的事情啊！」我在心中很單純的想著，並且同意這個「交換條件」。

我的缺點很多，但優點也很多，多看看優點有什麼不可以

說來也是一種巧合，我家附近剛好有一位教唱歌的老師，他是孫淑媚、朱海君、南台灣小姑娘的歌唱老師。我轉回家裡附近的學校後，每天可以省下將近一個小時的交通時間，我就利用多出來的時間學習唱歌。

在我小學六年級時，黃妃出了「追追追」這張專輯，受到好評的同名單曲也成為改變我命運的一首歌，我的第一次登台就是唱這首歌。

那是個規模較小的鄉鎮歌唱比賽，我的「憨膽」驅使我主動報名參賽。雖然是第一次比賽，但我一點都不緊張，我覺得比較像是去表演而不是比賽。

經過幾年的歌唱訓練，我除了先參加小型的地區歌唱比賽，做為參賽之路的訓練起點，也在十三歲那年，自己報名中華電信為推廣MOD所舉辦的大型歌唱比賽。雖然我的年紀很小，但不知哪裡來的勇氣，我還是以我拿手的「追追追」為比賽曲。如果你們熟悉這首歌，就會知道這是首不好唱的歌。但這首歌讓我在歌唱比賽中，無往不利，常常拿到佳績，後來還進階到更大型的比賽。

而在同場比賽的人還有周定緯、林育羣和張芸京。有這麼多優秀的歌者，我真的是太渺小了。但因為我的腦袋容量小，是不會想太多的人，所以我沒有懼怕及退縮，我在心中想著**「不管別人怎麼想，只要放開心胸盡全力去唱就好了！」**

也許就是這個與生俱來的「憨膽」，那次擔任評審的丁曉雯老師和周治平老師給了我第二名的好成績。

這是我第一次參加大型的歌唱比賽，而這次經驗讓我充滿了信心，不僅是因為得到了好成績被肯定，還加上在參與比賽的過程中，我享受站在舞台上的滿足感。那種**滿足不必來自於別人，而是來自於對於「盡全力去做我愛的事情」的自我肯定。**

因為我在學校裡的課業成績表現不好，在傳統價值裡我被認定是一個失敗者，長大「很有可能」會是一個沒用的人。我不可能不會因此受影響，我也不否認曾經在某些時候，我覺得自己真的是完蛋了，書讀不好，字也認不得，未來還能做什麼。

像我這樣無法讀出好成績的學生，求學之路一定比較艱難，但我在重要的高中時期，遇到了我認為是我「第二個媽媽」的蔡幸吟老師，因為她跟我媽媽一樣支持我愛做的事，她也不要求我課業要多好，一直很鼓勵我去做自己想要做的事情。我很感謝她，我們到現在都還互相保持連絡。

老師很認同我去發展自己的專長及才藝，就算我成績差、進度趕不上，還要跟學校請假，她也都鼓勵我去參加比賽，而她不僅支持我，還幫我準備參賽要穿的服裝。

也是在她的推薦下，我可以代表學校「樹德家商」去美國波特蘭市的姐妹校進行文化交流。我也是歷屆以來第一個代表學校去國外唱歌的學生，當時不愛上課的我，為了希望代表學校演出能有好的表現，那段時間我都會留下來參加晚自習，並且跟同學們一起練習。

我是以舞蹈班學生身份代表音樂班同學到美國表演，我表演的節目是以國樂為背景伴奏的台語歌「鼓聲若響」。我們透過傳統樂器的表演，以輕柔的優美樂音配上這首歌的輕快節奏，讓第一次聽到國樂的外國人產生極大的好奇心。他們驚訝又讚賞的表情，我到現在都還難以忘懷。

對我來說，這次的美國之旅是人生很難忘的經驗，因為在這一次的演出中，有太多「第一次」發生。包括這是我第一次出國表演，第一次以國樂做為伴奏演唱，也是我第一次去住了「寄宿家庭」，這讓我覺得很酷。

當時代表學校去美國表演的學生分為兩組，我屬於靜態的藝文表演組，另一組同學是去參加動態的划龍舟比賽。我們在美國兩周，其中一周我們住在「寄宿家庭」，當時因為根本不懂英文，所以要去住宿前我很害怕，我在心裡想著：「完了，我會不會餓死？」

結果我不但沒有挨餓，反而變胖了不少。住宿家庭的 Home 爸和 Home 媽對我很好，他們每天會煎鬆餅和太陽蛋，再加上很香的牛油當我的早餐。為了解我的鄉愁，還一起去吃了蒙古烤肉。

住在外國家庭後，我才知道原來他們是早上洗澡，和我們的習慣完全不同。高中時期的我就像井底之蛙一樣，什麼都不懂。這次經驗讓我對外國的文化及生活有了很大的好奇心。雖然我的英文不好，但因為實在太想要了解這些國外的事物，所以會硬著頭皮用英文發問及溝通。

當我回來台灣後，對於以前沒興趣的英文也不再那麼害怕了。剛回來時偶爾還會說出一些夾雜英文的對話，我媽媽直誇我英文怎麼變這麼好。雖然我不知我有沒有語言天份，但是我有勇氣說出口，不怕別人笑我講錯或是詞不達意。我的想法是如果**我要進步，就不要怕犯錯，尤其是在學習自己不擅長的事物時，我們更要有不怕被糾正的心態。**

畢業之後，老師還主動幫我申請傑出校友的榮譽。一位好老師可以成為我們成長階段重要的貴人，並且幫助孩子適才發展出自己的成就。

應該說，我的運氣很好，能夠遇到翻轉我生命的老師。在現行的教育制度下，有很多學生跟我一樣，有自己特別喜愛的專長，但是學業成績不佳，如果不像我有好運氣遇上懂自己的老師，可能就會被埋沒了天份，甚至會因為失去信心而選擇麻痺自己走上歪路，那會是非常可惜的事。

學校是我們成長階段，花最多時間寄託身心的地方。從小到大我們也常會聽到「師長們都是為你好」、「你要回饋母校」這種與學校要友好的道理。畢業之後，我也有一股想要回饋母校的熱情，所以有我能協助的事情，只要在我能力範圍內可以做到的，我都義不容辭。但有時我的熱心和實際需求好像並不相符合，所以會出現期待和現實落差很大的狀況。

之前就曾經發生過一件令我感覺內心被傷害的事情。當年我的高中母校協辦在高雄舉辦的「世界大學運動會」。學校需要找有名氣的藝人校友唱歌宣傳。我很高興校方在第一時間就想到我，熱情打電話給我。我也很願意協助母校，將其它藝人校友的連絡方式提供給他們。不過，後來學校選了其它歌手，但沒跟我說明理由，這點讓我很失望，並且產生強烈的挫折感。

在剛出道沒什麼很大知名度的那時，我的心是很脆弱的，不喜歡被拿來跟其他歌手比較。再加上當時我正在摸索自己的台語歌手之路要怎麼走，我需要更多的肯定和演出舞台，因此對於每個機會我都會特別重視及在意。

其實這件事我在心裡放了滿久的，直到我有了信仰，是神讓我放下了這些怨恨和忿怒。聖經裡有一句話：「**如果有人對別人有嫌隙，總要彼此寬容，互相饒恕；主怎樣饒恕了你們，你們也要照樣饒恕人。**」這段話我牢記在心裡並且想著應該去實踐。

在人的生命過程中，如果有人冒犯你，造成心靈破口，這個洞要怎麼補呢？我領悟到的不是找任何人來做這件事，要找自己的信仰，也就是耶穌來幫忙。當我的念頭一轉想到「當時你看不起我，但現在可以被看的起就是我最大的進步，我可以心滿意足了。」所以這些曾經讓我受傷和生氣的人、事、物都已經不會再讓我產生不好的情緒了。

我也要跟大家分享一個我的想法，那就是如果我們有被別人利用的價值，應該要心存感謝。

在年輕時，因為我們什麼都沒有，有可能被人瞧不起而感到傷心，然後會記恨在心裡而無法原諒他們，其實這些恨意不僅沒有意義，還可能會因為氣憤而錯亂了自己的判斷力，失去未來可能有的機會。

因此，和自己以及跟傷害過你的人必須要和解，如果你現在心中有讓你無法原諒的人，我希望你可以像我一樣，轉換念頭開始原諒，換來的會是你自己都想不到的益處。

因為我們被破壞的過程就是神要擴張你的時候，就像你要蓋新房子之前，必需要把舊屋重新打掉，才能有地方和空間建造新的東西，不是嗎？

我記得剛出道時的第一場簽唱會，因為是新人又沒有名氣，現場沒有我的粉絲，那種感覺超尷尬，我在那時，不要說是被看不起，根本是沒有人看到我，當時我心理馬上浮現出小時候被瞧不起的受傷經驗，然後開始心生恐懼及慌張到不知所措。

我覺得新鮮人或菜鳥「被看不起」是很普遍的現象，剛出社會的年輕人應該也很容易會產生這種感受。所以在這段時間，我們不要只想著「自己被別人看不起」，我們要耐心等待，等到機會來臨時，奮力一搏抓住它。

大家都聽過一句話：「上帝關了一扇門，必定會幫你打開另一扇窗。」我們要心存希望，但在過程中也要保持謹慎，不要說話去傷害正在等待機會的那些人。

我了解被看不起的感受，我要鼓勵年輕人或孩子們，我們自己不要當那個數落和批評別人的那個人。也許我因為比較「憨」，所以我以「等待」及「順服」做為在低潮時的應對方式，當等到有機會時就要勇敢抓住，如果機會失去了，就耐心等待下一個機會的出現。

我不是靠運氣好才能走到今天，如果當年我沒有忍住就放棄掉，因為沒有耐心而看不到機會，那就沒有今天的我。站在同樣處於奮鬥中的年輕人立場，我們要學習的是忍耐，我相信凡忍耐到底的必然得救。

生活在變化速度快速的世界裡，年輕人很容易會對自己想做，或是能做的事情放棄，尤其我現在要開始做的餐飲業，這是很辛苦的行業，我就發現年輕人通常不願意試看看自己的能耐，很容易放棄自己，那真的是太可惜了。我們總是要經過磨練，或操練才能成就自己，如同磨刀，也是要一點一點慢慢磨，才能得到鋒利的成果。

自我價值不是別人給的 沒有學歷路仍寬廣

回到我的學生時期，那段時間的磨練還真是不少。就算我了解自己的能力，以及我能做什麼，但我還是很難違抗主流價值的期待，為了「未來」的前途，高中畢業後我還是選擇繼續唸書，並以優異的術科成績推甄上了大學。

好不容易上大學後，我反而更熱衷於自己喜愛的唱歌跳舞。大學時的我已經跟經紀公司簽約了，所以我經常要出國比賽或是要上台北錄影，曠課情況很嚴重，也因此被教授嚴重警告。

但因為我唸的是表演藝術科系，我不上課的理由好像和我所學有點關係，經過我的爭取，學校通融我「只要考試考得過就好」。不過，教授也有他自己的原則，我因為缺課太多，最後還是被教授禁止進場考試。也在那時，我決定先停掉學業，專心在演藝事業上衝刺。

當時我需要常到對岸比賽或是錄影，我在大一時就被公司送去大陸福州參加「閩歌賽」，然後到馬來西亞演唱，後來在政策還沒緊縮前，我也接了在廈門錄影主持一個歌唱比賽節目。這樣的工作行程，我怎麼可能有時間上課。所以對於最後教授不讓我進場考試的決定，我當時雖然很生氣，但現在完全可以理解。

雖然最後我沒有拿到主流價值裡應有的「學歷文憑」，但當我在舞台上的表演獲得肯定的那一剎那，我知道我找到了自己能做什麼，找回了相信自己是有價值的自信心，這個比勉強自己去符合社會認定的「價值」還重要千萬倍。這也是我希望我的粉絲們，能夠因為看到我的表現及轉變所感受到的信念。

從前你們的意思是要害我，
但神的意思原是好的，
要保全許多人的性命，
成就今日的光景。

創世記——50:20

02

挫敗與成就的演藝圓夢旅程

“

嘿！女孩，

一個對表演充滿熱情與熱忱的妳，在一個不熟悉且未知的領域裡，難免會遇到挫折，或許現實環境不如妳的預期，不如妳想得那樣美好，也可能因此而跌跌撞撞。

不管妳遇到什麼情況，請要相信一切都是最美好的安排，我想跟妳說：妳辛苦了！也謝謝妳的堅持，謝謝妳的不放棄，現在的我，才可以在人生的道路中過得這麼精彩。

”

參賽是當歌手唯一的途徑，我只能放膽一試

上舞台「唱歌跳舞」是我從小到大的夢想，始終沒有從心裡消失過。為了一圓我的夢想，當時還在唸高中的我，不知從哪裡借來的膽，雖然才十六歲，但我看到朋友報名參加當時最紅的選秀節目——「超級星光大道」，我也跟著去報名。那時我還是懷抱著想當唱跳歌手的夢，我記得我的比賽曲是——蔡依林的「唯舞獨尊」。

我從小參加歌唱比賽都是演唱台語歌曲，但當時比賽「超級星光大道」時，海選演唱台語歌曲的參賽者，幾乎都會被刷掉，國語歌曲才是主流，再加上當時我的同學跟我說：「怎麼會有人聽台語歌，感覺土土的……」，因此，我就以國語歌曲報名參賽。

很幸運的，在我又唱又跳之下，從海選中被選上了。不過，因為很少唱國語歌曲，我拿手的歌並不多。比賽到一百強時，我記得製作人王偉忠老師跟我說：「妹妹，你年紀還小以後還有機會，回去好好唸書，未來的路還很長。」我聽不懂這是在鼓勵我，還是勸我放棄這條路。

我心裡想：「是不是我很沒有特色？也許我沒有可以當歌手的特質？」偉忠哥跟我說這句話時，我好想快點逃離現場把自己藏起來。其實我很怕有人批評我歌唱的不好，這會讓我心碎。

在得知一百強沒有入選時，我當場就哭了，結果在旁邊的楊宗緯也因為我的落選而跟著哭起來，那時我才發現原來他很愛哭。

我參加過「超級星光大道」第一季和第三季，都是我自己去報名的，我並沒有事先跟家人商量。而接下來的「明日之星 Super Star」，也是自己透過網路報名，我很努力的參加不同的歌唱比賽，就算年紀還小，但是我很有膽量也都願意多試試。

「超級星光大道」第一季我止步在一百強，但我沒有灰心。接著我又報名了第三季，這次成績就進步不少了，我一直晉級進入到二十強的比賽，但在這個階段被淘汰掉了，於是我又哭了，並非因為沒有晉級下一階段比賽而哭，而是我捨不得離開一起參加比賽而產生感情的其他參賽者。

我曾參加的第一屆「超級星光大道」，有大家熟知的參賽者，像是楊宗緯、林宥嘉……，他們實力都非常強。雖然我安慰自己抱著平常心，以朝聖的心態去比看看就好，事實上也還不錯獲得了兩次晉級的成績，但最重要的是我發現到自己的不足。

「原來在我的世界，高手有這麼多，高手的程度都這麼高，我的程度太低了！」因為我從小參加過無數次的歌唱比賽，也都能取得優異的成績，沒想到會在這次參賽時被淘汰。而且我也見識到這些厲害的選手唱歌的功力，於是我第一次對自己會不會唱歌產生了懷疑。

也因為參加比賽，我看到了更大的世界，我知道**自己必須要更努力，要更精進才能在這領域裡被看見**。

人生沒有不散的筵席，妳一定會是個愛唱歌的天使

我非常珍惜參加比賽的機會，由於當年還沒有高鐵，而比賽錄影又是一早開始，我必須在天沒亮前搭上客運才趕得上錄影時間。從高雄小港到台北至少要五至六個小時，從小就很獨立的我就自己帶著簡單行李，一早摸黑出

門搭車，在夜深人靜時返家。就這樣我開始了又累又充實的「台北高雄一日生活圈」的生活。

在參加第三屆「超級星光大道」時，因為成績比較好，和其它參賽者也有比較多相處的機會。才十幾歲的我，遇到了同樣愛唱歌的選手，我們會在賽前互相打氣，賽後為對方的輸贏落淚歡笑，那時比賽成績雖然重要，但能交到有相同興趣的好朋友更是我覺得愉快的事。

要說我在「超級星光大道」裡交到最要好的朋友，那應該就是——黎礎寧。她有一天到高雄來找我，我帶著她遊玩高雄，促膝長談到深夜。第二天我們互道再見，並相約下次再來高雄玩。

但就在我們見面後的隔天，傳出她離世的消息。

我心裡想著「不可能，我們不是昨天才見面聊天的嗎？」，「不是約好要再一起唱歌嗎？」，怎麼會突然就這樣走了，我無法接受這個事實，並且一再跟媽媽確認媒體報導的黎礎寧，和我昨天才送到車站的那個朋友是同一個人嗎？

震驚平復後，做為好朋友的我想要去送她最後一程，但當時我因為比賽淘汰出局了，所以不在連絡群組裡，我無從得知告別式地點在哪裡？我只能邊開車邊連絡其它的朋友，但抵達台中後，來不及得到朋友的回覆，於是我缺席了。

陪我到台中要和礎寧告別的媽媽跟我呆坐在車上，我只能自責：「為什麼連告別式地點都問不到……」，然後眼淚一直不停的流下來。如今想起她，我會在心裡禱告：「希望現在的妳，在上帝身邊繼續當個愛唱歌的天使。」

雖然經過了這些人情冷暖、快樂悲傷，但是我並未放棄，或是覺得討厭娛樂圈，因為我後來遇到了很棒的朋友和前輩們。

我覺得每個人在新的領域起步還沒有成績時，會被忽略或是被排擠是常會碰到的情況，當時我就是處在那樣的狀況，我知道那種難過及沮喪。因此我會從另一個角度去想：「如果有一天我紅了，有能力了，我一定要善待那些懷抱著夢想，努力往上爬的新人們。」每個追夢的人都值得被好好對待，不是嗎？

嚴厲貴人的震撼教育，我一定要忍下去

做每件事除了要全力以赴之外，還需要有人幫忙才能成功。進入演藝圈這一行也不例外，有人願意幫助你，這條路才能走的順利。在這個時候，我

遇到了人生中最大的貴人，那就是綜藝節目重量級製作人，也是人稱「綜藝教父」的——黃義雄先生，大家都稱呼他為「寇桑」。[5]

我和寇桑的緣份來自民視的選秀節目「明日之星」，當時寇桑是「明日之星」[6]的製作人。在上場前參賽者們都要試唱，就在我試唱完之後，寇桑十分霸氣的跟我父母說：「你們願不願意把女兒交給我？」

突然聽到時，我父母嚇了一跳，他們心想：「這麼有名的製作人，為什麼會看上我們這個沒有名氣又乳臭未乾的女兒？」雖然心中有些疑問，但因為寇桑在娛樂界是著名的人物，又誠懇的提出這個要求，我父母沒有考慮太久就答應了。

寇桑是令人信賴的長輩，他跟我父母提到要簽我成為旗下藝人時的態度雖然直接，但卻可以看出他對我的信心，這也是父母會很快就答應他的原因。

5 張文綺與伯樂寇桑－黃義雄先生

6 明日之星比賽時期

寇桑是個性情中人，講話不拐彎抹角，常給我們這些新人震撼教育，他有讓人畏懼的氣場，我很怕他，一直不敢和他四目交接。

我印象很深刻的是有一次錄影時，一個別人眼裡看起來不算什麼的小失誤，他在現場破口大罵「五字經」，我當時太驚嚇了，被嚇到不敢靠近，也說不出話來。我在心裡就想著「千萬別惹寇桑生氣，實在太可怕了！」

寇桑雖然對於工作上要求嚴格，但也不吝於給我們鼓勵，所以大家對他是又尊敬又害怕。他會用他的方法激勵我們，甚至會用「激將法」讓我們從沮喪的情緒裡走出來，也了解剛進演藝圈的我們，在這條路上遭遇到挫折而產生的心理障礙。

雖然他要我們振作的方式，以及語言都是十分直接及坦率，但對我來說好像滿管用的。因為我會害怕寇桑，所以會逼自己努力達成每一次他所給予的功課。能被他選上而進入演藝圈真的是件幸運的事，到現在我還是很懷念他，以及感謝他將我帶進演藝圈。

被簽進時代創藝唱片公司之後，我也順利出了歌唱專輯。但這些專輯並沒有很好的成績，我依然默默無名，沒有太多人認識我。畢竟台語歌手能夠上節目宣傳的管道有限，尤其是當時那些很受歡迎的綜藝節目，大多不太會邀請台語歌手上節目。

從歌手出道到現在，我總共出了八張台語專輯，剛出道時沒有知名度，也沒有很好的銷售成績，就算出去表演，我也只能成為「暖場歌手」唱唱開場，帶動氣氛吸引人潮。當時的情況，讓我開始懷疑自己到底適不適合繼續唱歌？是我的魅力不夠？歌唱的不好？還是沒有觀眾緣？很多疑問不斷冒出來。不得不說，那段時間是我對自己最沒有信心的時候。

因為對歌唱失去信心，上節目時都盡量不唱歌。當時公司的藝人每星期都要在節目錄影現場，雖然沒有表演，但是要坐在台下當個「鼓掌部隊」入鏡。節目錄影一整天都坐在那裡，有種「不得不」被綑綁住的感覺。現在回想起來，那種無法伸展的感受，其實是我對未來沒有熱情、沒有期望所導致的。

有一次我和其它藝人在錄影現場，一樣露出硬擠出來的笑容鼓掌著，但寇桑突然走向坐在台下的我，他當所有人面將麥克風遞到我面前，以特意響亮的音調，用他那老練帶江湖味的口吻直接用台語問：「妳還會唱歌嗎？」

我被這突如其來的舉動嚇到，心裡想著「完蛋了。」

寇桑有讓人不寒而慄的氣勢，其實我面對他是帶有恐懼的，根本不敢直接回應他。被他直接點名到的我，就算心裡百般不願意，也根本不敢說出

「不」這個字，於是只好硬著頭皮現場唱他指定的歌曲「追追追」。

在唱歌的當時，我有種很心虛的感覺，知道自己一定會表現的不好。沒有自信的歌聲，內行人一聽就可以聽的出來，再加上我很久沒有練習。演唱完之後，寇桑當著所有人面前說：「妳覺得有沒有退步？」然後用犀利的眼神看了我一眼。我當場真是尷尬到不知如何自處。

我猜想，他當時已經看出我對於要不要繼續唱下去充滿懷疑，所以才會有這樣的舉動。因為不想唱歌，沒有練習，連媽媽在家特別幫我準備的練歌設備，我連開關都沒有打開過，所以我的功力大為退步，這一點寇桑早就看在眼裡。他的用意是要我在大家面前，以能力證明我還能唱，並且一定要唱，如果出糗就要我自己好好反省。

目前的我轉型成為主持人，或是大家口中的綜藝咖，這是意料之外的發展，連我自己也沒有想過，但確實轉型之後的我開始重拾站在舞台上的快樂，並且能享受工作的樂趣。

我當了綜藝節目主持之後，能帶給觀眾很多歡笑，這是我之前不知道自己有的能力。有些住院的病人或是心情抑鬱的人留言告訴我，「因為看了我的節目而開心起來，開始有樂觀的想法。」這是我聽到最高興的事，也是我當主持人成就感的來源之一。

我想跟在天國的寇桑說，雖然我沒有達成您的期望成為台語天后，但是我主持綜藝節目將歡笑帶給大家、散播正能量鼓勵粉絲們，這樣做您應該不會罵我吧？

沒有粉絲的簽名會，我已經沒有信心再唱下去

現在的我還沒有再出唱片的規劃，未來會不會繼續唱歌也說不定。我對於唱歌有很多自己的想法，若將來有機會再出唱片，我會用盡全力將存在我腦中的想法實現出來，朝向我年輕時偶像「濱崎步」的水準邁進。但現階段來說是很難的，尤其是台語歌曲的市場有限，不過我還是給自己留下無限的可能性。

之前當歌手時，我常常會陷入自我懷疑的狀況裡。身為藝人，如果沒有人認識你而被冷漠的對待，那種感覺真的很不是滋味，相信現在正在努力工作的你們，或許會在某些時刻也有這樣的情緒。

當時的我是這樣告訴自己：「我選擇了我的夢想，我也正在通往目標的

路上，雖然不知終點會有什麼等著我，但我會盡全力往前走！」

我剛出道還是無名小卒時，曾經辦過一場令我難忘的粉絲簽名會。在二〇一〇年，經紀公司為新簽約的新人歌手們舉辦第一場見面簽名會，那時是我出了第一張EP「叫我女王」的時候。

這場活動現在回想起來，心裡還會有酸酸的感覺，可是我把它當成是成長必經的苦澀來看待。

那是我出道以來第一次見面會，我又期待又擔心沒有人來怎麼辦？我的擔憂果然成真。沒有粉絲的簽名會，現場除了吹來感覺冷冷的風和稀稀落落的路人外，就只有冷清和尷尬可以形容。

因為自己是新人，沒有足夠的經驗面對這種情況，當時我如坐針氈，希望活動快點結束，雖然表面上仍露出燦爛笑容，但心裡卻是充滿難過和擔憂的。

不可否認這跟我想像的演藝工作很不一樣，從小我看到螢光幕前的藝人都很風光被大批粉絲簇擁著，忙著為喜愛自己的粉絲簽名。可是我已經是藝人了，我進入了娛樂圈，為什麼跟想像這麼不一樣，我的自信心瞬間跌到谷底。我承認這對我是一個很大的打擊，還讓我產生「也許我不會受到喜愛」的自我否定的念頭。這場見面會是在台南公園舉辦，現場我們五位新人歌手坐成一排，我坐在最右邊，回想起來那天的氣候還有點冷，但我想可能是我的心太涼了才覺得冷。雖然可以預期粉絲人數不會太多，但每個人或多或少都有一些粉絲來捧場要簽名，但我在那一天總共簽不到十張。

我看著來簽名的粉絲從我面前走過連頭都不回，更傷人的是，有別的歌手粉絲帶著不是我的專輯要我簽名。買別人的專輯然後「順便」要我的簽名，這真是讓我哭笑不得，但我還是硬擠出笑容禮貌性的簽名了。但我的心裡像是被打了一拳：「要我的簽名不就是因為想支持我嗎？拿別人的專輯來要我的簽名真的太傷人了。」但我還是得笑著謝謝這位別人的粉絲。

在現場沒事的我，只能看著稀落的人們來來往往，我也不期待會有我的粉絲出現。那個場面實在是太尷尬了，連主持人都不知道該說些什麼。於是我乾脆就拿出自己「愛說話、愛將場子炒熱」的本性，把主持人的麥克風拿過來，在現場充當簽唱會主持人，並且幫現場的歌手「叫賣」專輯。

一直以來，我都有帶動現場活絡氣氛的特質，但這是我第一次「臨時」當起活動主持人。這樣「歌手兼主持人」讓我玩的很高興，化解了不知在現場要做什麼的落寞感。

但沒有聽眾，沒有人聽我唱歌，甚至沒有人認識我，讓我對唱歌開始出現反感，經過簽唱會的冷清及尷尬體驗後，我已經到了看到麥克風就心慌的程度，有很長一段時間，我是無法拿起麥克風的。

話說回到當時寇桑把我簽進經紀公司時，公司正好在挑選歌手，所以辦了一場「人氣王」的比賽。那時我是年紀最小，也是最嫩的新人。通常參加比賽，若比賽場次多並且獲得晉級就可以參加下一集的錄影，被觀眾看到的機會就更多，也就可以慢慢培養出自己的粉絲。

但由於我沒有參加完所有賽程就被寇桑選上簽約了，在媒體前出現的次數是最少，知名度也相對最小。少了比賽過程，在電視上曝光的機會當然就少，很難建立粉絲的基礎。我自己比喻，我是房屋地基還沒有打穩就想要快速把房子蓋起來，所以房子有可能就會東倒西歪。

我想這也是我一開始進入演藝圈當歌手時，會缺乏自信心的原因吧！

接下來的宣傳期，我們五個新人就是排不上宣傳，靠著經紀公司費了好大的努力和關係，我們才勉強有節目可以上。這時我已經住在台北了，有房租和自己的生活開銷要負擔，而且我每個月扣掉生活費後都會把賺來的錢寄回家裡，讓媽媽幫我存起來。

因為台語歌手的身份，加上知名度低，能上的節目很少。曾經有過一個月的收入大概只有九千元，這些錢要付房租和生活費，我受不了就打電話給媽媽大哭，然後媽媽說要匯錢給我支助我的生活，但我不想拿他們的錢，因為這條難走的路是我自己要的，我就自己負責到底。

由於唱片不賺錢，靠微薄的通告費用也不夠，為了減輕家人的負擔和讓他們放心，我到「鬍鬚張」和朋友開的「居酒屋」打兩份工。

就算是打工賺錢，我還是希望我工作的地方有我熱愛的食物，每次在比賽錄影前，大家都會因為緊張而吃不下東西，但我可以一次吃三個便當，我非常喜歡吃台式的滷肉飯、肉臊飯、焢肉飯這類有滿滿白飯的食物，燒肉也是我愛的食物之一，所以我就選了這兩個地方打工，至少在接通告之餘，我可以賺錢還可以接近我愛的食物。

邊打工邊唱歌的生活在大家眼裡看來是很辛苦很累，在我眼裡看到的是我被喜愛的東西圍繞著，所以一點都不覺得辛苦不覺得累。

就這樣過了一陣子，我覺得如果再沒有機會，可能我就不要再待在演藝圈了吧！回高雄跟著父母一起經營鹹酥雞店，這也是不錯的一條路，至少可以養活自己。

當我有這樣的想法時，在公司的全力安排下，我終於被安排到去上當時最熱門的綜藝節目——「娛樂百分百」，雖然我當時很單純的認為，那是公司為了怕我餓死而塞給我的通告，但能上這個熱門的綜藝節目也是我求之不得的好機會。快要選擇放棄的我開心的想著：「原來命運之神還是希望我繼續追求我的夢想。」所以給了我一條生路。

初進演藝圈上通告的我，不管主持人多大咖，我都抱著很單純打歌的心情，不但不會緊張還會覺得很開心。

一切轉變是在去上了「娛樂百分百」節目之後，上綜藝節目時我的反應很快而且又有點呆萌，可以和主持人自然的應對，彷彿天生帶有綜藝特質。原先我的想法只有認真打歌，可是上了節目後，大家發現我去宣傳太有「笑果了。

可能因為這個原因，製作單位和觀眾都看到我了，機會也就開始出現。聽說也有觀眾反應很喜歡我在綜藝節目裡的表現，所以很多節目也開始邀請我去參加，我這時才驚覺可能我自己帶著「綜藝魂」。

感念生命中的貴人，開啟綜藝這條路

成長過程中經歷過的創傷，現在回想起來是比較容易接受，但發生的當下卻是覺得自己很「落漆」，未來也看不到什麼希望。

這些充滿考驗的人生路上，我深信只靠自己是不可能撐下去的。也許是因為「從來沒有想要從別人那裡得到什麼」的坦誠和善良，反而讓我很幸運的在每回覺得自己可能會失敗的時候，都出現「貴人」幫助我。

老天給我生命中第一個也是最重要的貴人就是——我的媽媽。她從沒放棄過我，就算在我那青少年「很欠揍」的階段，媽媽也是將對我的心疼化成實際幫助我的力量，她花費大量的時間和精力陪著我成長。

雖然她對我的要求很嚴格，但若不是她那個「見不得我不好」的老師個性，我可能也無法長成現在的自己，她是我最好的朋友，也是我的心靈支柱。還好她在我小時候就看出我的潛能。而且她不跟隨著傳統主流價值，培養我音樂及舞蹈的能力，讓我之後才有進入演藝圈的條件。

另外影響我很深，讓我能順利從歌手轉型成綜藝主持人的就是——「娛樂百分百」，這節目讓我初試啼聲，讓很多人發現我可以試著走綜藝這條路，更幸運的是讓我認識了生命中的另一個貴人「小鬼」黃鴻升。

我去「娛樂百分百」錄製節目宣傳「叫我女王」單曲的那一天，剛好另一位主持人羅志祥請假，所以只有小鬼自己一人主持，那天我們互動的很愉快，他覺得我在節目裡很有梗也很好笑。這有趣的互動經歷實在令人難忘，之後再談到時才知道我讓小鬼留下很好的印象。

經由他的推薦，我被繼續邀請上「娛樂百分百」，連另一位主持人羅志祥也誇獎我說：「妳像黏土，怎麼塑型都可以」。被當時一線主持人誇獎，對於因為唱片專輯賣不好而陷入低潮的我，無疑是打了一劑強心針。

在上了好幾集節目之後我和小鬼開始變得比較熟。幾年後，我們一起搭檔主持公視「台語我上讚」，這是一檔推廣台語文化的綜藝節目。因為我的台語很「輪轉」又容易自然嗨，而小鬼有年輕觀眾緣又有穩重感，這是製作單位選擇由我們兩人一起來主持節目的原因。

因為在之前「娛樂百分百」裡所建立的熟悉感，我們搭檔主持節目很自然的產生互動，那段合作的經驗及過程是我永遠難忘的回憶。

說到和小鬼合作的經驗，除了他的機智和應對能力很強外，在個人特質上，他是個非常貼心的人，在他身邊就會有安心的感覺，他像是鎮定劑一樣。

我很感念小鬼給了我成為綜藝節目主持人的信心。當時我是新人，在與主持人互動時若反應不順暢或腦袋卡住，難免會挨罵，小鬼此時就會安慰我。他對於節目的氣氛和流程掌控度很高，我只要跟著他的節奏以及接上他的話，基本上節目的錄製都可以很順利不會有問題。

自從上了幾次「娛樂百分百」節目後，我的綜藝潛力被大家注意到，也在公司安排下，去上綜藝節目「天才衝衝衝」（當時的名稱為：天才向前衝）當來賓，也因此讓製作單位對我的表現有興趣，所以我才有機會朝綜藝節目主持人之路走下去。我很感念小鬼幫我開啟了主持人這扇門。

現在回想起來，當我還是「天才衝衝衝」的打歌特別來賓時，乃哥、城哥兩位主持人在與我互動時，常會覺得為什麼我的反應這麼特別、這麼好玩，到底是什麼樣的腦袋可以講出那樣令人意想不到的話。

他們曾說過，入行這幾十年沒看過這麼好笑的特別來賓。可能是因為我特別的率真和有趣，接下來又被邀請上了幾集節目。到最後因緣際會下，我居然成了固定的主持班底直到現在。

綜藝節目通告慢慢成為我的工作重心後，我愈來愈自覺不可能成為我最愛的「濱崎步」，也感覺沒有能成為「超級歌手」的希望後，我再次問自己：「我原本堅持的夢想是不是根本不適合我？也許那只是一個過程，只是為了要把我真正的能力發掘出來？」我想答案是肯定的。

因為有了夢想，所以為了想要達到這個目標，我必須付出全部的心力去試試看，在嘗試的路上雖然有很多次的失敗，但也會有小小的成就感。就算如此，我也只能一邊哭一邊笑的走下去，然而在這個過程中，我意外發現另一個我以前沒看到的自己。

演藝之路走到這裡，我的歌手身份漸漸消失，大家更記得的是我是個「主持人」，但是我不後悔從小到大，為了要成為歌手時所做的一切努力。唱歌這件事是我尋找自我之路的一個過程，在這個過程中，我體悟到，當我們自己有「一輩子只能做什麼事情」的固執想法時，反而有可能會低估自己的能力，並且窄化了未來的路。我們要記得隨時給自己改變機會的勇氣。

真心才能吸引貴人，我好幸運和你們相遇

也許你們認識我是因為看到「天才衝衝衝」裡那個說話沒大腦，講話很實在，擔任助理主持人的我，[7]而能夠參與這個節目，真的是我人生中非常幸運的事。

當時是因為要宣傳唱片，公司安排我去上節目，沒想到第一次上節目的效果就很不錯。記得一開始做為參加來賓時，節目主持人乃哥可能因為我太有趣，互動起來很愉快而特別開先例「放水」，讓我可以有「醜五次」的特權（正常規則是醜二次就要出局）才被淘汰出局。

由於乃哥和我的互動還不錯，他也跟城哥說：「這個女孩很有趣，可以再找她來」，所以製作單位就再發通告給我。那時是在我歌唱事業

7 天才衝衝衝四位主持人合照

低谷的時候，原來我以為「就這樣了，如果不行就不要在演藝圈混下去，趕快去找別的事做……」，但經過和節目裡的兩位大哥一起合作後，我發現原來自己還有除了唱歌之外的「潛能」，於是對於轉型為主持人開始有了信心。

現在我成為主持人固定班底每週錄影，每一次的參與我都感到發自內心的愉快，可以做最真實的自己，不需有什麼「偶包」或是假裝會或不會。

在這裡引導我能在主持時做自己，不必背稿記詞，以真誠、坦率的態度與人互動的靈魂人物也是我在綜藝圈最重要的貴人就是「乃哥」—徐乃麟和「城哥」—曾國城。這兩位大哥在我的綜藝之路上，不僅是我的貴人，更是讓我在主持能力上愈來愈進步的好老師。

由於乃哥和城哥在現場的反應很快，他們會視當天來賓的特色，以及錄影現場的狀況而隨機應變，我剛開始和他們搭配主持時，會擔心自己背不起主持稿而拖累大家，沒想到他們的主持風格是靠臨場反應，我因此鬆了一口氣，並且在他們的帶領下，我可以將我自己真實的一面展現在觀眾面前。

雖然這一面也許就是大家所說的「傻」，但我終於能坦率的展現自我，重新拾起信心在演藝圈走下去。

乃哥為人處事「求真」的態度對我影響很大，還有他對於「效率」的要求，讓我學習到時間的運用和分配應該要有的堅持。雖然媒體上偶爾會有他錄影爆氣的報導，但他自己認為「有就有，沒有就沒有」的真誠展現，是很值得我學習的處事原則。

乃哥是個頭腦非常靈活的人，很有商業頭腦，在錄影空檔聊天時，我常常被他的理財觀念以及投資方法吸引住，也很好奇他這麼忙碌，怎麼還有心思和精力將自己的金錢和時間規劃得如此有條有理。我也很喜歡聽他講演藝圈以前的故事。接下來我的人生要開始走向創業之路，乃哥是非常值得學習的前輩。

另一位對我影響很大的貴人—「城哥」曾國城。他和乃哥是不同個性的人，若說乃哥像個大哥，城哥則像是個「爸爸」，他曾說過：「張文綺不是笨，只是書讀的不夠多。」

他常提醒我要多看書充實自己，我記得他跟我說過：「妳有用不盡的福報。」大概是他覺得我這麼傻，還可以在複雜的演藝圈生存到現在，真的是靠福報。每次當他鼓勵我要多唸書學習才會有智慧時，乃哥會在旁邊搭腔說：「妳不准變聰明……」我常被他們兩人逗得哈哈笑。

和這兩位功力深厚的主持界大哥合作的機會很難得，對我這主持新手來說是上帝給的恩寵，不論在主持專業或為人處事，我都從他們身上獲得了很大的助益及成長。

曾有人說我是百搭的主持人，不管跟誰搭檔都能夠配合的很好，其實這都要歸功於這些優秀的前輩們願意帶著我學習。有值得借鏡及模仿的優秀前輩，才能讓我在面對各式各樣的人、事、物時放開心胸做自己。

不敢相信的幸運降臨，用誠心向貴人們學習是我的道路

能夠順利轉型並不能只憑著好運氣，有人願意伸出手，或是願意給你一個試試看的機會，這都是不可缺少的。自從有機會可以上綜藝節目宣傳後，我認識了不少好前輩，一直到現在我們都會互相關心。我相信「真心才會有貴人」，

在演藝圈這麼多年，我都秉持著這個信念，也許這是我貴人很多的原因。

在上TVBS的「音樂榜上榜」時，我認識了黃子佼大哥，我和大家一樣稱呼他為「佼哥」。我上節目時的宣傳曲是「傻女孩」，他大概覺得我「歌如其人」就是個傻女孩吧。經過工作的互動後，他覺得我很誠實、很有趣，所以我們互換了連絡方式就此成為了朋友。

除了前輩的情誼外，我也一直視他為演藝圈裡的老師，他不會吝於分享他的經驗及人脈，讓我們這些後輩能有更多演出機會。被他教導或是合作過的晚輩，如果他覺得你有天份，也想要努力在這行做下去，他就會盡量給予協助和機會。

佼哥曾經開一檔新節目，內容是要找接班人，他那時就想到找我。當時他找我和LuLu一起搭檔參加這個節目。幾次的合作下來，我和佼哥及他的子弟兵們互動就更頻繁了，彼此之間也建立出良好情誼，一直到現在我們都還有「黃氏宗親會」群組，我們固定聚會見面聊近況及發展，而我也開始稱呼他為「老大」直到現在，他是我心目中的老大，也是我學習的標竿。

佼哥也會運用自己的人脈或是有曝光機會，就會邀請我們這群宗親會的後輩一起參與，這樣看似自然的呼朋引伴動作，其實我們都知道佼哥是在透過自己的影響力拉著我們一起走。

有件事令我印象很深刻，那是在我當歌手時，我一直希望在新專輯推出時能有一場風光的「專輯發片記者會」，但總是無法順利舉辦。

有一次，我鐵了心決定要自己籌辦記者會，這個想法說給「老大」聽後，他二話不說，答應擔任記者會主持人。他可是「天王天后御用」的主持人，能夠有「黃子佼當主持人」的記者會是何等風光，這彷彿是大明星才有的規格，我興奮到睡不著，覺得自己何其有幸能得到他的幫助。

雖然最後這場發片記者會沒有辦成，但我心中一直記得他「二話不說」的義氣相挺。佼哥對於後輩的支持不只是說說鼓勵的話，他會在有機會時以具體行動表現出來。

在我需要建議，或是在主持節目遇到瓶頸時，跟佼哥說說話，通常能得到一些啟發。他對我來說，不僅是前輩也是老師般的存在，可是他如果在台語的創作上，像是寫歌詞或是寫作品時，也會變成像學生一樣，問我台語唸起來如何？我得到他的幫助這麼多，但能回報的好像只是當他的「台語小老師」這點微不足道的小事情。

我覺得自己很幸運，有這些前輩們願意幫助我，我也希望能貢獻自己微薄的力量做為回報。

還有一位在演藝圈中對我影響很大的前輩，也可以說是我的另一個貴人，那就是我都叫他「梁爸」的梁赫群。我們是一起主持「食尚玩家」節目而認識的。他很會鼓勵人，和他搭檔主持會有很多啟發。除了講話都是「梗」之外，他的邏輯能力也非常好，如果我有說出什麼跳針的話，他會以幽默的方式回應我的無厘頭，讓我的無厘頭變成節目中的亮點。而且我們的笑點都很低，兩人在搭檔主持時常會一直笑個不停，所以我們兩人很適合主持尾牙活動，或是需要歡樂氣氛的場合。

他本身是個正能量滿滿的人，說話機智反應非常快，重要的是他有激勵人心的能力。他欣賞我這種「憨憨」的性格，也時常鼓勵我繼續保持這股「傻勁」，維持自己的本性，不要因環境而改變自己的率真。

當老天要丟球給我時，我能接住嗎？我有足夠努力了嗎？

也許有人會認為我只是運氣好，才能順利從歌手轉型成為主持人。但是我深信當老天要丟球給妳接時，妳必須要有接住球的力氣。只有「運氣」是絕對不夠的，我們要常問自己：「為了夢想，你有認真付出了嗎？」

當你認真拚命去做了之後發現還是無法達到目標，我們也要有「不執著」的心態，找到機會跳出習慣的舒適圈，並且感恩那時為了夢想而曾經認真過的自己。

有人說我像「台灣濱崎步」王彩樺，雖然說我從小的夢想就是成為像「濱崎步」一樣的歌唱巨星，但沒想到，現在我跟濱崎步會有關聯居然是因為王彩樺。

我剛出道的時候就有人說我像她，她是唱、跳、主持俱佳的演藝人員，我們雖然有某些地方類似，但在為人處事以及戲劇上她比我強太多了，我還有待加強學習與繼續磨練才有可能像她一樣優秀。

我也希望自己多跟她學習，朝唱歌、主持，演戲的全方位藝人之路發展。雖然我的戲劇參與不多，但都很幸運能夠與當紅的前輩以及金鐘導演合作。

不知大家有沒有印象，我曾在「廉政英雄」裡與花系列男神—林煒大哥合作，也曾在「愛你無條件」裡與我心目中的男神—江宏恩搭檔，演出一個痴心追求他的小女孩。

最近參與的則是優質戲劇「用九柑仔店」，我演出的角色「阿芬」個性大辣辣的，其實跟我自己很像。這是我第一次演母親的角色，但由於當媽媽真的距離我很遠，我的第一場戲 NG 了三十次，不過，導演高炳權、曾英庭及與我對戲的前輩龍劭華，他們都很有耐心的安慰我，叫我不要緊張慢慢來。讓我能夠有信心繼續演出，並且能享受演戲，而這過程其實是很快樂的。

因為實際參與了戲劇演出，我更了解彩樺姐有多麼不容易，以及太有才華了。彩樺姐的成就說明了「誰說丑角不能是第一呢？誰說丑角不能在眾人面前突出呢？」她是個很成功的案例，也是我在演藝之路上的標竿和學習對象。她有顆溫柔的心和善待別人的真心誠懇，這讓我不由自主的想靠近她，我想這也是她在圈內圈外有超好人緣的原因。

我看到的彩樺姐比別人要努力一百倍，她也曾在出道時被別人看不起，心理受過傷，我覺得這點我們的際遇有些相同，但她一直用愛去廣結善緣，不會以自己曾被傷害的理由，或是報復的心態去對待別人。相反的，她會將自己的朋友或是現有的資源介紹給晚輩們，讓年輕人有更多機會。

每逢到了過年、過節或過生日時，她也會主動邀約大家一起聚會，將自己擁有的東西不吝嗇的分享出來，溫暖在場的所有人。

給需要的人重生力量及希望，是我持續下去的動力

成為綜藝咖之後，我希望能發揮作為公眾人物的功能，將歡笑帶給所有人，如果有人心情不好，或是正處在鬱悶的情緒中，因為看了我的表演而開心轉換了情緒，忘記自己的苦悶，因為我的表現而被療癒，我覺得那就是我從事演藝工作的快樂來源。

有人說我有給人「重生」的力量。我曾經收到幾封來自監獄受刑人的信件，有位受刑人說，他從我出道開始就是我的粉絲，只要是我的節目他都會看，謝謝我帶給他許多歡樂。我那時還跟經紀人提議，想要去監獄看看他們，但礙於實在排不出時間而沒有成行。

曾有一位受刑人在獄中畫了一幅畫以及用毛筆抄寫祝福的話送給我，我在拆開他寄來的信的當下，感動到眼淚都快流下來了。那幅畫已經跟著我到我的新家，成為新家獨一無二的擺設藝術品。每次看到這幅畫，我就覺得自己何德何能受到大家無條件的喜愛，也讓我更覺得作為公眾人物應該要有的責任感。

「受刑人因為做錯事在監獄裡接受懲罰。但只要真心認錯悔改，出獄後仍可以重新開始新的人生，成為可以貢獻社會的人，這就是重生的意義。」我這樣認為。

對於更生人從錯誤及迷失中重新回到正軌的「重生」歷程，我有很深的感觸，因為我自己在年少時也曾經因為徬徨而走錯路。回想那時的我常常離家出走，一出門就是二個月不見人影。我情願住在朋友家也不回家，沒錢就到餐廳打工吃飯，家人根本找不到我。父親氣到要和我斷絕父女關係，而母親和弟弟更是常為了我的吵鬧及叛逆抱頭痛哭。

我在家人不放棄的關懷、支持引導才迷途知返，也才有今天的我。我希望我能善用自身的體悟，給曾經或是現在正感到迷惘，不知該何去何從的人們一些正面的能量。

像是有小朋友會在我的粉絲專頁說：「我明天要打疫苗，可不可以幫我加油？」或是「我現在住院中，看到妳主持的節目覺得心情很愉快，開始有信心了。」我很感謝他們願意花時間寫下他們的期望及感想給我，也謝謝上帝賦予我帶給他人歡笑和溫暖的能力，如果看到我的表演，能讓生病的人有早日康復的元氣，能讓小朋友不害怕打針，這是多麼令我開心振奮的事啊！

你要專心仰賴耶和華，
不可倚靠自己的聰明，
在你一切所行的事上都要認定他，
他必指引你的路。

箴言——3:5-6

03

迷失與欺騙造成的傷痕是堅強的印記

“

嘿！ My friend，

每個階段，都會讓你遇見不同的人、事、物，每個時期都會讓你經歷不同的酸甜苦辣，這些都將成為灌溉妳的養分。以前的你，非常軟弱甚至是會遇強則弱的人，但現在的我，會用「耶穌的眼鏡」來看。

上帝透過 Studio A 執行長——蔣雅淇的見證，讓我領受到「當眼光看向哪裡，決定你走到哪裡」，信仰祂帶給我全新的人生與生命，讓我變成一個新造的人。

有一段經文是這麼說的「若有人在基督裡，他就是新造的人，舊事已過，都變成新的了」哥林多後書 5:17。

未來的你，如果也能認識祂，我相信這會是你一生最美好的祝福。

”

叛逆冷漠的外表下，我藏著迷惘不安的內在

在我目前經歷的人生裡，有幾次差點走錯路陷入困境，但幸運的是有家人和朋友將我拉回來。我知道那種處於迷惘而心力無助時，是很容易失去判斷力，做出脫軌的行為，那時若有人能夠說出鼓勵的話，或是做些溫暖的舉動，都可以幫助他們。因此我格外重視粉絲們的心情，以及他們需要什麼幫助。

我年輕時是個很叛逆的小孩，整整有八年讓父母傷透了心，離家出走搞失蹤、和父母斷了聯繫，想要自己過生活的想法佔據了我所有心思。

那個時期只想要和朋友鬼混，完全沒想到愛你的人的感受。而我那時到底在想什麼？其實就是年少輕狂不想被管束，想要當個真正的大人。但我並

不知道真正的成熟還有「負責任」以及「同理」關心你的人的那層意義。到現在和父母談及那段往事，我還是會感到自己很不孝並感到抱歉，反而更加珍惜和父母相處的日子。

弟弟曾經告訴我一件連我自己都忘記的事，他說：「姐姐妳知道嗎？妳的脾氣真的很硬。」我說我不知道，他說：「小時候有一次妳被爸爸打的很慘，還被罰跪，但妳一滴眼淚都沒有掉，我知道妳在忍耐，反而是我跟媽媽在旁邊嚇傻了，哭的很慘。」可見那時的我，在面對父母管教時是多麼的無知和倔強。

在叛逆時期，我就是個會「騙大騙小」令人頭疼的小孩，騙大就是騙父母，騙小就是連弟弟也騙，像是我喜歡出去玩整夜沒有回家，那時我和弟弟住在台北，我就會騙媽媽說我有回家睡覺。

在那段時間裡，我父母要牽我的手，我不給他們牽，想要抱我，我會覺得很噁心。當時和父母的關係冷到極點，和現在我們之間的關係是完全不同的。我現在每天和媽媽都會講電話講到很晚，好像有說不完的話，我認為信仰真的改變了我很多。

為何我當時那麼不想接觸我的爸媽，應該說從小到大我都有些怕他們，不想和父母靠太近。我覺得是因為從小他們對我有很大的期待與寄望，讓我感到很有壓力。有時我會覺得他們的教育是有點失敗的，我媽媽自己也承認雖然她是老師，但卻不會教自己的孩子。

媽媽也會自問：「為什麼我的孩子都只聽別人的話，反而是別人比我會教我的孩子嗎？」父母因為無法教導我，再加上我有「靈異體質」這件事，認為是他們的錯，會責怪自己為什麼把我生成這樣。但到現在，他們已經釋懷，並且接受「我們會來當父母親的小孩，其實是給他們最好的禮物，孩子是因為這樣子而到來。」的想法。

我自認為我跟我弟弟應該是生錯性別了，通常女兒比較乖比較溫順，個性上會自動自發，不用人家管。反而是身為男生的弟弟，從小就是聽媽媽話的乖乖牌。但我卻是相反的，不僅不聽父母的話，而且比較外向喜歡往外跑。

本來弟弟也想要當歌手，他很會唱歌，但爸爸看到我這樣難管教，再加上星路走的很辛苦，不同意他走入這行。爸爸說：「家裡一個就夠，已經累死了，你是男生，你就好好讀書上班。」所以弟弟就放棄了歌手夢。

靈異體質不要再來干擾，我想當個平常人

有關注我的人會知道，有一件讓我身心俱疲的往事，那就是我曾經當過乩童的過去。

我在高中時期就發現有特殊的敏感體質，有時候去到「不乾淨」的地方，就會出現一些異常行為而「牙起來」，這種情況嚴重的時間超過八年。

我第一次有這種「靈異」經驗是在高三時，那是我第一次覺得自己的身體不是由我自己控制的，我在被影響時會全身顫抖、暈眩及口吐白沫，說些沒人聽的懂的話，那一次媽媽剛好在我身邊，這件事帶給她很大的陰影，也讓她責怪自己為什麼把我生成這種體質。

我知道我的父母一直都戰戰兢兢，他們擔心我不知何時會發作，我像顆

不定時炸彈一樣，隨時都有可能會發生嚇到他們的事。

在我十八歲那年，公司帶我去大陸比賽，那時帶我去的經紀人也是被我嚇到了，一樣的狀況再次發生。但我被附身時發生什麼事，我卻完全都記不起來。

很多人都曾經看過媒體報導過我曾參加過「乩童訓練班」，並且被拍下許多張「起乩」的照片，我像這樣成為宮廟乩身的日子持續了四年之久。

會想要去宮廟拜師父當乩童，除了有過靈異的經驗外，也是因為那時的我經歷到人生的最低潮，很需要心靈上的安慰和解脫，就像是溺水的人只要有浮在水面上的東西，都會死命的要抓住。

很幸運的在二〇二〇年時，我接觸到基督教，並且受洗成為基督徒後，我才能完全走出那時自己心中的陰影，並且願意讓大家知道我遭遇過的事情。

回想我剛出道時，做任何事情都覺得很不順。搬到台北之後，感覺一有什麼演出機會，機會就從手指縫間溜走，演戲也沒有什麼戲份，我的角色常被寫死，一下就不必再演了。

由於在進入娛樂圈時，媽媽是贊成的，但爸爸是持反對的意見，兩人會因為這件事大吵。爸爸認為不知道我在台北做什麼，接不到通告而工作有一搭沒一搭的，他看不到我工作的前景。而我爺爺擔心把我一個人放在台北會被騙走。由於爸爸和爺爺過於擔心又不知怎麼辦，所以就施壓在媽媽身上，那時家裡的氣氛很緊張，只要談到我就會有所爭吵。

那時候在演藝事業還沒有找到方向的我，除了現實生活中發生各種煩悶的事情，還要面對來自網路虛擬世界的惡意攻擊。

我時常會在自己的臉書留言或是其他討論藝人的網站上，看到對我不友善或輕蔑的話語。比如說：「這麼笨的藝人為什麼還要找她上節目？」、「幹麼裝笨？」、「為什麼找張文綺，下次再看到她我就轉台……」這類的留言。當然還有更傷人的話，但我不會特別去記住。

網路酸民或是不知為什麼罵我的人所寫的話，在看到的當下確實會很難過，我想每個人因為別人沒有理由的詆毀自己，應該都會受到影響吧。只是這個影響有多大就因人而異。

當一個公眾人物要有接受來自各方批評的胸襟和雅量，但存有惡意的評論或是散布不實的謠言，對於人的心理和情緒影響有時是很大的。我們千萬不要成為那種加害人，而有受到這種傷害的人，也要提醒自己「有多少人喜歡你就有多少人討厭你」，珍惜喜歡你的人就夠了。

今年是我主持「天才衝衝衝」第八年，因為這個節目我累積了不少粉絲，有和我一起成長、支持我的粉絲，也有覺得我「很笨」對我不以為然的觀眾，對於正面、負面的批評我都能接受。

我知道在這條演藝之路上，雖然我不是最優秀的人，但我能被大家看見，這已是上帝給我最好的禮物。而我現在眼中所見的都是會給我「愛」的人們，至於留言罵我的人，我會說：「謝謝你的批評，更謝謝你花這麼多時間來看我的節目及留言。」

當然這些樂觀正向的領悟並不是一開始就有的，自己必須要能夠在內心轉換一個方向來思考，我就是藉由向神禱告找到力量及解答的。

在什麼事都不順利的那時候，不知何去何從的演藝之路加上惡意的網路攻擊，然後家庭也因為我而煙硝味四起，隨時會吵架。一堆不順心的事讓我的心情變得很鬱悶，那段時間我常無法入眠，於是藉由喝酒讓自己好睡。

除了這些令我心煩的事情搞得我身心俱疲，再加上沒有什麼工作可以接，那時年輕的我常常因為心情不好，於是就藉由和朋友們用盡全力的玩樂，像是去ＫＴＶ夜唱、夜遊、上夜店、開派對來讓自己忘記內心的躁動和煩悶，與一般時下的年輕人差不多，我們喜歡用熱鬧來忘記自己的空虛和不安，但是在曲終人散時，那種內心的落寞反而更排山倒海的向我撲來。

家裡因為我而亂成一團，我的工作又沒起色，再加上對未來前途的不安，想要尋找可以保護寄託自己心靈的地方。因此，到宮廟求神問卜就是我當時的選擇，而且那時做這件事在短期內確實讓我感受到了安全感。

為消除命運無法掌握的無助感，什麼方式我都試

當時我的唱片成績不上不下，演藝事業發展不順，我覺得真的是倒楣到了極點。當感到情緒低落或是無所適從時，都會想要找個依靠，此時脆弱的心靈很容易失去理智的判斷。就是在那個時候，我的朋友告訴我有一間宮廟很靈驗可以改運，也許我可以去試試看。

「改運應該會是個好方法吧！」當時非常軟弱的我想到的是，只要能立即解決我心裡的憂慮及解決我對未來的沒安全感，任何方式我都願意試。

我一心一意祈求自己的演藝之路能順暢一些，也希望不要再被我無法掌握的命運甩巴掌，所以我就跟朋友一起去那間宮廟看看。

本來只是想簡單的參拜問事，但後續的發展卻是我自己無法預料及控制

的。這個歷程不但影響我，也讓我的家人跟著受了不少罪。至今回想起來，雖然覺得不可思議，但對於心理極為脆弱的人來說，在當下只想解決內心的痛苦，完全沒想到後果。

我的敏感體質跟著我已有十幾年的時間。我去宮廟和宮主聊這個狀況，當時感覺我們十分契合。一開始宮主和我說的話是很正面的，比如那時我正值叛逆的時候，對父母時常不理不睬，讓他們很受傷，所以宮主會教育我要聽父母的話、做人要孝順、要講忠義等等，而那時常常不回家的我也聽進宮主的話，開始會回家和父母有正常的互動。所以父母覺得我是找到「救星」了，於是我就常常到宮廟去尋求人生的指引。

宮主跟父母說，我們家族祖先前世有領旨要幫神明辦事，但是並沒有遵守承諾，現在時機到了，這個責任落在我身上，我必須要扛起這個責任，但我不必辦事只需要內修，也就是好好修行就可以。

我記得那時還跟弟弟說：「我覺得我的人生沒有希望了，我好像也沒有辦法做自己想要做的事，為了修行，每天都在跟鬼神打交道。」

宮主說我身上有光，所以那些「東西」想拿我身上的能量，那時我心裡常常十分痛苦及害怕，有時還會不由自主的打冷顫，於是我問自己：「為什麼我會活成這樣子？」現在回想起當時那段日子，都還會覺得全身不舒服。

這段經歷是在我人生低潮時遇到的，當我們內心軟弱的時候很容易被迷惑，那時的我以為只要有神明護體，或是有宮廟當後盾，所有人生的問題都可以解決。但我不知道那也只是逃避而已，當時我的心智是十分混亂的，就連要好好思考真正該努力的方向都沒有辦法。

那幾年我的身心狀況很低落，媽媽為了幫我處理許多事情，身體健康也受到影響，甲狀腺出了問題，導致她的手會一直抖，而且不斷的變瘦。在看了醫生服藥治療後，現在的她已恢復回以往那個健康亮麗的媽媽了。

人的盡頭就是神的開頭，我找回正能量的自己

回頭來看這段經歷，我問自己當時是發生了什麼事？好像真的像俗話說的「卡到陰」，無法保持理智決定自己的事。其實那是我覺得人生失去目標，沒什麼值得努力的事，也無法做自己想做的事情時的無力感。

那段時間的我不願面對現實，像被催眠般的認為自己可以跟鬼神打交道，並期望在這個過程中，找到自我存在及與眾不同的價值，這實在是個又

笨又荒唐危險的方法。

就在我認為靈魂和心力都最低落的那個時刻，上帝對我又伸出了援手。在因緣際會下，我有機會跟徐小可、小禛、小馬這些朋友深聊，開始對基督教有了更深的認識。

因為弟弟比我早成為基督徒的關係，所以我對於基督教並不陌生。又在神的巧妙安排下，有這些好朋友們帶我進入到教會，在宋逸民牧師和陳維齡牧師娘的帶領下，我正式受洗成為基督徒。[8]

聖經裡說「人的盡頭就是神的開頭」，在我人生的低谷時我遇到了上帝，現在我已經蛻變成一個全身充滿正能量的自己，並且充滿了勇氣要展開下一段旅程。

8 2021受洗

我的肺腑是你所造的，
我在母腹中，
你已覆庇我。

詩篇——139:13

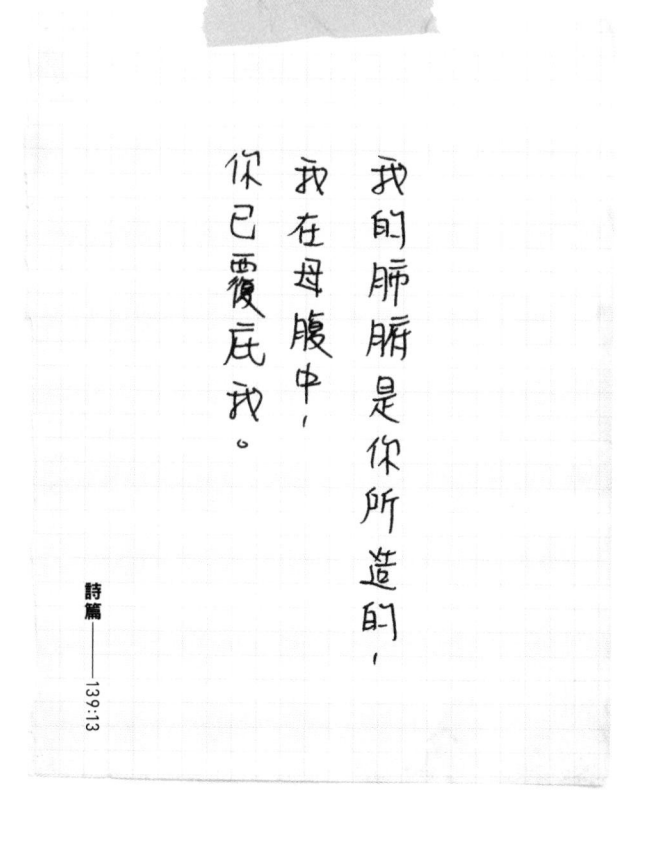

04

願當別人的貴人
展開創業之路

“

嘿！ My dear，

從我們的人生開始被上帝更新之後，就有新的生命，新的開始，新的思想，現在更多的是以「祝福」和「愛」而生！這個祝福不只是祝福自己，更是要把這個祝福也給別人！而愛呢！

是不管親情、友情或愛情，它都會因為愛而有所改變。

現在的我們，也會以「為愛而生，為愛而活」，用上帝賜給我們的健康，來活出豐盛且卓越的生命，所以 30 歲過後的我們開始要來祝福人，而且是大量的給予，「施比受更為有福」，

我們就好好的一起來領受上帝那充滿恩典的禮物吧！！

”

每個成長階段都給我滋養，都給我人生方向的啟發

若將我人生這三十年分為三個階段來看，第一個十年我跟大家一樣接受傳統的教育，以主流的價值觀被檢視，但由於學業成績表現不佳，讓我在求學過程中感到挫敗，也被師長們看衰。幸運的是，我的家人沒有放棄我，帶著我去找到能適合我發展的路。

第二個十年，我則是依照自己愛唱歌跳舞的天性，主動找舞台讓自己發光發熱，這時也是我以最叛逆的方式尋找自我的時期，雖然差點迷失，但幸運的是，總會有貴人出現拉我一把，讓我有機會站上很多人夢想的舞台位置。

第三個十年，我經歷事業及情感上的壓力及得失，讓我又再一次陷入迷

惘中，因為這些不順利的過程，讓我差點要放棄自己。不過上帝又給了我好運，因為家人及貴人的幫助，我擺脫掉那些令我煩惱痛苦的事情，專注於演藝之路，並且從歌手順利轉型成主持人。

綜藝節目主持人和當歌手的差別是，歌唱是可以滿足自我表現的欲望，但主持人能夠帶給別人歡樂，對我來說，這兩種是很不一樣的感覺，我更喜歡後者這樣的角色能傳送給大家愉快的感受，所以也很開心的朝主持人方向發展。

用直覺感受到創業時機已到，希望能成就自己幫助別人

這幾年接過不少產品的代言，或是企業尾牙的主持，有一次我在主持科技公司的尾牙時，我看著坐在台下滿滿的年輕員工，以及上台致詞的老闆，

我的心裡冒出「我不要只當產品代言人，我要成為頒獎金給員工的那個人」的聲音。我知道我在心裡說的話就是我想要的創業夢想。

每次想起創業這件事，都會讓我內心充滿衝勁及熱情，所以我勇敢決定在三十歲這年要追求下一階段的人生目標。如果你問我，妳哪裡來的勇氣和信心覺得自己可以創業成功？我的回答會跟我又傻又憨的天性一樣直接：「因為我沒有想過失敗這個選項」對於頭腦簡單的我來說，我只能有這一個想法。

現在的我最想要做的事，是開店做生意當個商人。

成為商人和當個藝人並沒有衝突。從十幾歲開始的演藝之路，給我最大的欣慰就是我雖然不是最優秀的人，但竟然可以被大家看到，然後還有這麼多喜愛我的人總是在身邊鼓勵我。

不可諱言，成為藝人這條路，對我未來要發展的事業有很大的幫助，因為我有知名度大家都認識我，在開店時會因為我是公眾人物而有宣傳效果，但相對的，做為一個大家都認識的人，我對店的品質要求及把關也是會被放大檢視的，所以我給自己和團隊的壓力不得不說真的很大。

接下來這十年，我想要做個既能幫助別人，又能實現自我的角色，我決定創造屬於自己的事業，我要將父母做了十幾年的鹹酥雞工作傳承下來發揚光大，並且讓想要工作、想要創業的年輕人或中年人都可以加盟一起努力。

但要做這件事我不是完全沒有猶豫，我問過自己很多次，我這麼傻適合創業嗎？沒有經驗的我能夠做到嗎？

從以前就有很多熟悉我的人說我適合從商，感覺好像是因為大家覺得我適合，才讓我認真去思考自己可不可以做，但我自己也沒有很確定。

老實說，雖然我很早就有這樣的想法，但也都只有放在心裡並沒有跟別人說。因為我還沒有足夠的信心及往前推動的助力。

一直到二〇二一年，突然出現很多巧合和訊息要我放手去做。

突然間，場地、人脈的後援都出現了，那種不知要怎麼開始，想要抓東抓西來補滿創業藍圖的慌亂感都消失不見了。我的心裡隱約感覺到「水到渠成」時機已經到了。要具體問我那是什麼？我也不知道，但就是有那個直覺叫我去做吧。

二十歲時要創業很難，因為沒有足夠的經驗累積，如果失敗了，會不知道如何站起來而無所適從。但現在，我認為到了三十歲是可以開始試試看的好時機。雖然我還算是個年輕人，但因為很早就在社會歷練，也結交了很多好朋友，所以我不是只憑著「憨膽」孤軍奮戰，而是有一群堅強的後盾幫助我。

我不是天生家底豐厚的人，沒有多餘的時間和金錢可以「玩一玩」，我看著媽媽做了十幾年的鹹酥雞，雖然都只是在旁邊幫忙，但我對於這個產業的肉品處理流程及貨源，也都在耳濡目染下熟知了不少。我就是這樣看著媽媽這麼多年，多少已傳承到她的經驗才會踏進這產業。

其實我本來創業的目標是要開火鍋店，因為我自己愛吃火鍋，但愛吃是一回事，真的要做這個生意不見得能做的好。所以還是選擇回到熟悉的領域賣「鹹酥雞」，將媽媽的美味秘方分享給更多人。

對於家裡賣鹹酥雞，有很長一段時間我認為不關我的事，就算是以前回高雄時，也不會在店面待太久。在成為藝人後，我更不想管家裡的生意，因為只要到店裡幫忙就會被要求拍照或是要和粉絲聊兩句，雖然我很高興能和粉絲見面，但這讓我覺得無法放鬆心情。

我以前很叛逆，從來沒有去店面幫忙過，那時的我，很容易因為不高興而結個「屎面」。過去的我和現在的我，對於做生意的心態為什麼會產生轉變？幾年前我還是那個脾氣很差的女兒，我都說那時的自己是「石心」，但現在我已經擁有充滿愛的「肉心」了。

這個轉變主要是因為媽媽太操煩我而生病了。她曾經因為生病連手都抬不起來，我不忍心她這麼辛苦還要開店，所以每次回南部時，當然就是由我來分擔店內工作，因為這樣我才慢慢開始接觸到這部份。

原先我只是想要幫助因我而生病的媽媽，在這過程中，我看到媽媽因此可以多休息身體漸漸好轉，這點讓我感到十分高興。接下來，我問我自己還能再多幫忙家裡什麼？我向上帝禱告時，得到了「當孝敬父母，使你的日子在耶和華你神所賜你的地上得以長久。」這段話帶來的喜悅。

現在我只要回高雄就會主動在店裡幫忙，也很樂意和大家互動，雖然粉絲是來找我拍照或簽名，但是吃了我家的鹹酥雞之後，也都給了很正面的讚賞，所以讓我更加有信心。

每當我把做生意的圍裙穿起來，就會很自然的從明星身份轉變成和藹可親的「鹹酥雞姐姐」。我在店裡幫忙工作的照片曾被媒體報導過，粉絲也很可愛的幫我取個「鹹酥雞女王」的稱號。

媽媽也曾跟我說過，我很適合從商，因為我小時候家裡開銀樓，我看到陌生的客人總是會笑臉迎人，嘴巴很甜的招呼他們，所有人一致認為我是天生就擅長面對大眾的人，不論是當藝人或是當個生意人都很合適。

我從十五歲開始就東奔西跑，不僅要時常上台北錄影，還有許多國內外的比賽要參加，實際上待在家裡的時間不長，十八歲時就搬到台北長住了。我想要創業還有一個原因，就是希望父母能早點退休，搬到台北和我住在一起。

我在忙著演藝工作時根本無法常回南部。我想著，如果我能擁有自己專業上能掌握的事業，再把父母接來台北住。他們可以做自己喜歡的事，媽媽去服務教會，爸爸則是照顧他愛的花圃，那就是我想要的幸福生活。我現在已經先買了一間全家可以一起住的房子，那就是邁向我的夢想的第一步。9

不得不承認，在某種程度上來說，我是很想要掌控全局的人，我喜歡事情能照自己的規劃進行，當我有想法要去做時，腦中自然就會有藍圖及實施的步驟，我不喜歡事情無法控制，我也不喜歡驚喜，因為那常會變成驚嚇。所以若是沒有在計畫內做事，我心裡就會不踏實，我想這應該是缺乏安全感所致。

9 全家福

我們想做的事別人不見得要配合你，因為每個人都有各自的立場，這是很普通的常識。但我就會有某種希望大家都能不出錯的「強迫症」，所以常常想要主導全局。尤其是我進演藝圈後，每個人都有獨特的性格與想法，變得我開始更沒有安全感。所以當我有一點能力之後，就會想要控制場面及規劃細節。

以前還年輕時，都是由媽媽、老闆、經紀人告訴我要做什麼我就照做，總是有個清單讓我知道接下來自己要做什麼。當現在比較成熟也有夠多的經歷後，我希望要由自己來掌握自己。

感情的控制慾望太累，希望找到聰明能教導我的另一半

這種沒有自信，怕超出預期無法控制的焦慮也影響到我的感情面。對於愛情及感情，連我前男友的媽媽都說我骨子裡有「控制慾」。但是，若是我全心信任的人，我就會放手把決定權交付給他。但這就要看我夠不夠信任他，如果我不夠相信他，我就很容易會擔心東擔心西。

如果要找到值得信任的人，心態較成熟的男性可能比較適合我，我也比較容易被年紀大的男性追求。不過，我曾經在某個階段，碰到的都是年齡比我小的男生追求我，他們可能覺得我是大姐姐可以照顧他們，因為我是個很會照顧後進晚輩的人，也許這樣讓他們覺得我很有「母愛」吧。

以現在的我來說，我應該會被比較成熟性格的男性所吸引，他必須可以

在心靈上撫慰我，在生活上可以幫助我的那種熟男。包括我的事業也需要有歷練及足夠成熟穩重的人來輔佐，我需要一個能被我信任的另一半，不需要我多操心，我們能朝穩定的方向走下去的那個人。

在三十歲前，我談戀愛交往的對象，通常年紀會比我小或是同年齡，很多事都還要我來教導。因為年輕，談戀愛不會也不需要想太多，所以能夠玩在一起和互相愛著就足夠了。

所以那時談戀愛，我會在乎的是外表顏值以及一定要談得來。最好他是有趣、體貼還要對我很好的人，他要像騎士般什麼事都幫我做好，讓我有當公主的感覺。我知道這是一種很不實在的虛榮感，不過那種單純的羅曼蒂克戀情很幸運的我曾經談過了。

但現在我的年紀大了，我的愛情觀會比較實際，我更在乎的是兩人之間包含情感及能力的信任。我希望我未來的另一半是聰明的，因為我實在太不會唸書了，我怕以後無法教小孩功課，那就交給他去處理。

信仰教會我，順從的力量比起控制的力量還要強

你們可能很難想像，看起來不拘小節的我，骨子裡其實很害怕失控的情況發生。而這種「控制感」不僅呈現在感情交往上，很多跟我合作過的人也都有些難以忍受，像我的經紀人就換過好幾個。不過在我信上帝後，我改變了很多，我知道「順服」在做人處事上的重要及必要。

我以前和別人溝通時，常常會出現「命令句」及「肯定句」，但現在我在把想法說出口前，會問我身邊的人的意見後再做決定，在溝通上比較有彈

性，我會給大家空間去想想看要怎麼做比較適合。

接下來我創業當老闆，在角色上的分工，將會是我來出主意和想法，由工作團隊的人來落實執行。

但為了不要讓自己成為一意孤行的老闆，導致底下的人做不出自己想要的東西，造成上下不同心的狀況，我會在做決定之前，問問他們「你們覺得這樣做可以嗎？」，大家可以先聽聽我的想法可不可行，做不到的話，看看是否有協調或是改變的空間，或是我們一起想辦法來達到目標。

這種不再想要全面控制局面的改變是信仰要我學的課題。上帝讓我的身段變為柔軟，會更在乎別人的想法及感受。現在的我帶領團隊創業時，會提醒自己要「停、看、聽」，因為信仰讓我「順服」了，我的創業伙伴們就是我身邊的天使幫助者。

比起過去的自以為是，我現在學會要接納專業的意見，以前我總是以自己的想法為主，對於外界給的意見及勸告總是聽不進去的，因為我不喜歡無法掌握的感覺。

就像我在接通告時，我也只想接安穩及熟悉有把握的工作。如果有人找我去做我不擅長，或是無法掌控的事情，像是戲劇拍攝的工作會被時間及劇本控制，我就會很猶豫，這時辛苦的經紀人就要想盡辦法來說服我。

我曾經認真的想過，我不想演戲是否是因為缺乏自信，所以不願去接觸？如果換成現在的我，是否會願意克服自己不足的部份去演戲，而不要限制住自己？這點也是現在的我想跟年輕人分享的一個想法，那就是：「人都有無限的可能，我們要去擴張自己，不要被思考限制住。」如果我那時候願意相信自己，也許我也會是個不錯的演員。

接下來新事業開始要進入試營運階段，我會更需要有自己的空間和時間來處理店裡的事。我目前的生活重心，一方面在綜藝節目主持上，一方面會放在開店這件事上。因為新的事業不只關係到我，也關係到很多幫助我的貴人還有員工們。

我在主持尾牙時，看到客戶那麼多的員工們坐在台下，當時我想，當一個老闆要養那麼多人，壓力一定會很大。那時在台上的我，心中就暗自期許自己，未來的目標希望能照顧很多員工及他們的家人。有人開玩笑說，以後我的公司如果辦尾牙，我還可以是執行長兼主持人。

想創業當老闆，除了是要獲得不同於演藝圈的成就感外，更重要的是，只要想到我有機會幫助別人，就覺得內心特別感動。這個信念在我信了上帝之後更加成熟。

我在年輕時被別人輕視過，也曾被騙過，但還是有堅強的信念，相信世間上還有很多好人和貴人，他們會在身邊支持你去做想做的事。

不要放棄想要成就自己與成就別人的初心，一旦有能力可以去實現夢想時，要懂得「飲水思源」，想到別人幫助我們的那份真心，然後用這種心態去回報社會。

在我的事業版圖規劃裡，我會親力親為實際參與公司營運。最先開始的品牌是「炸綺來」這個鹹酥雞連鎖店。如果發展順利，未來也會有其它的規劃。我也很想做甜點或是跨足其它領域，現在雖然都還只是想法，但光是想像我就很興奮。

從演藝事業到自己創立「炸綺來」連鎖加盟店，我自覺自己也必須要有所轉變，我本身的性格還有很多需要改變的地方，我必須在各方面思慮更為周到，不能像以前那麼單純。以前依賴父母的我，現在必須要自己獨立思考，我也要感謝媽媽，她相信我已經長大可以獨當一面，她放手把我交給上帝，讓我獨立去掌握自己的團隊，規劃我自己的副業。

「炸綺來」這個鹹酥雞店品牌，源自於父母開在家門口的鹹酥雞攤，雖然父母的店和我創立的鹹酥雞品牌是兩個不同的體系，從母親經營這個小店面的經驗裡，我學到了很多只有親身去做才懂得的專業技巧及知識。

我家會從事鹹酥雞生意也是誤打誤撞，沒想到一做就是十幾年。我小時候家裡是開銀樓的，當時關掉銀樓在門口賣鹹酥雞時，很多人以為我家是發生了什麼事。

其實是父母覺得家裡擺著那麼多黃金，有安全上的考量，身心壓力太大而不想再做下去。記得有一次爸爸在半夜不知聽到什麼聲音，很緊張拿著鐵棍去看，雖然後來發現只是老鼠在奔跑，但他卻無法再入睡，這種一直要繃緊神經的日子真的太辛苦了。

決定結束銀樓生意的另一個原因，是因為我和弟弟都沒有接手家業的意願，再加上年輕人普遍不愛金飾，銀樓也愈來愈難生存，所以就乾脆收掉退休。但因為接下來不知要做什麼，才會在朋友介紹下加盟台灣第一家鹹酥雞。

鹹酥雞是台灣本土的庶民小吃，只有在台灣能吃的到，因為父母的關係，在我接觸到這個領域之後，深深覺得這是一個可以將台灣味推廣到全世界的食物。

我希望鹹酥雞能像珍珠奶茶一樣，讓其它國家的人知道台灣小吃的美味。若說我心中是否有可以仿效的對象，我覺得像是「繼光香香雞」這個品牌在大陸海外都有他們的店，這就是我的目標。但我希望未來能夠超越鹹酥雞的想像，炸出更多有台灣味的食物。

期望將台灣味推廣到全世界，我想幫助年輕人找到奮鬥目標

台灣充滿了各種小確幸，文創類的商品也不少，雖然有些產品發展的很國際化，像是珍珠紅茶，刈包……等等，但還有很多我覺得很棒的東西還沒有推廣出去，像是我要做的鹹酥雞就還只停留在本土發展，所以我是以能推廣到全世界的心態，以企業化的方式籌劃經營我的副業。

我所規劃的營運模式，是讓想要有自己事業的人來加盟為主。可能因為以前很多加盟店的負面消息時有耳聞，所以現在很多人聽到加盟，就會覺得

又貴又不好做，而心理怕怕的。而加盟店企業的老闆也擔心旗下的加盟店，學到了技術後自己開店，合作的雙方都會有擔憂。

我希望加盟我的創業者，可以把這個店當做自己的店傳承下去，當然我也有責任跟義務幫助加盟商把店做起來。

我們初步設計的菜單裡有很多種炸物可以選擇，因為我希望能將「鹹酥雞」的口感及品項更加多元化，讓消費者能有更多選擇。不僅是雞肉、甜不辣這類傳統食材，我們開發出海鮮也可以炸，什麼都可以炸。

油炸品最為人詬病的是不夠健康，所以我們也在思考，如何讓炸物可以吃起來是營養健康的。除了慎選必須當日配送的本土新鮮食材，我更重視用油，為了找到理想中的油，我在規劃這個品牌時跑了很多地方。

我的團隊在找原物料時不僅要貨比三家，還要實地去看供應商的源頭工廠才能放心。我們要知道這家公司是否有申請食品安全的國家認證？用的雞肉從哪裡來？

如果今天只是要開一家店，有客訴或賠錢了我自己可以承擔，但現在不是開一家店，是有很多合作一起努力的店家，所以為了未來走的長遠，我們這些東西都要有非常嚴格的管控。

我並不是為了賺加盟金而做這個生意，而是因為我看到我們這一代的年輕人對於未來不抱希望，也因此沒有想要成功的企圖心，對生活也就失去了熱情，我相信到我的下一代，這種迷惘的狀況會愈來愈嚴重。

現在的我們已經感覺到「錢愈來愈薄、東西愈來愈貴、人愈來愈少」的無力感，這種無法有活水永流的氛圍會讓人很沮喪，因此我要做些什麼來幫助想要努力、想要成功的年輕人。

每當有想要跟我一起合作的年輕人來面談時，我首先會問：「你是喜歡炸東西？還是要做生意？或者是想要有一份事業自己當老闆？」我之所以要問這些問題，主要是想知道員工的企圖心，以及未來我們在並肩作戰時，能不能同心合意。如果我的員工未來是想要當老闆的人，我就會找機會協助他達成夢想。

現在已經有很多人問我加盟的事，還有需要準備什麼？我跟他們說，你首先要有拚下去做的決心，做這行是很辛苦的，但只要甘願做就能夠賺錢。當然首先我自己要把「炸綺來」這個品牌的品質和流程先確定好了，這樣才能放心讓別人來加盟。

做連鎖品牌不要只想著要賺加盟金，而是要真正幫助想努力創業的人，要基於互利和共同成長的善良理念來合作，這樣才能達到我心中「真、善、美」的理想境界。

我的第一家店原來是想要開在台北，但找了很久都沒有找到令我有感覺的店面，有時我是很憑直覺做事的。後來我想回高雄開店好了。但因為我想要的地點依舊找不到店面，所以我們放棄了這個想法，繼續重新思考店面的問題。

在找店面的同時，我也很煩惱沒有人可以幫忙一起做，尤其是剛開始什麼都還沒有，有誰會願意過來呢？要找到對的人來做事並不容易。

在做生意這部份，我發現管理員工是最累、最難的。員工與老闆是在互相選擇要不要合作，對的員工很不容易找。而我的任務是要選擇適合的員工，讓公司組成的團隊有向心力，要讓員工們認同企業理念保持熱忱，這不是件容易的事，而且要有點運氣與緣分。

才剛開始想要做生意，光是地點、員工就已經讓我感受到不像我想像的那麼順利，而開店進度也確實不如預期規劃的拖延下去了。

不要走在神的前面要讓祂帶領我，不可思議的奇蹟就會發生

在創業初期，我們會遇到不如預期的阻礙，那陣子我常常禱告，問神我該怎麼做，在當我決定把全部都交付給神，事情就開始很神奇的發展了。

有一天，曾找我合作過的大宇國際電器的老闆李朝強（我都叫他舅舅）突然跟我說，我來挺妳做鹹酥雞品牌。有他的幫助當然是太好了，不過我心裡也在想：「真的假的，你們那麼忙要怎麼做？」。

我老實跟他說，我連店面都還沒有找到的困難，這時「舅舅」提到，

他的姐姐正好要賣掉台中的房子，我不知為何很有興趣的追問房子的狀況。

我稱呼她為「姐姐」的彼安特品牌總監李姿慧跟我敘述了這房子的狀況，覺得可能滿適合做為我的第一家店。原來已經不知如何進行下一步的我，突然有了希望。雖然我還沒去看過這間房子，但當下我就有預感，這就是我要找的地方，於是開店的地點就決定在台中了。我想這就是神對我的愛，神對我的安排。

關於開店起初的機緣和發展，讓我有這樣的感想，那就是當我們在緊抓著什麼，但又找不到頭緒去處理時，做為人的我們，常會因為恐懼，或是因為想像的限制而無法想到未來。

一旦我們越放不下時，就越會自己嚇自己，因而無法理智的做出判斷。

開店這件事讓我更加相信神說的：「不要走在神的前面，他自然而然就會帶領你。」的意義。

我開始順服，並且對於開店創業的事不再急躁，因為時間表的安排不是我說了算，不是我用「控制」就可以達成的目標，這是冥冥之中會安排好的。

其實我本來已規劃好在二〇二二年的一月份就要開幕，但找不到員工無法順利開始。而且我又接了金門的跨年活動，種種無法推動的事情加起來就只好延期了。

我想要何時開店、何時營運的時間表是我訂的而不是神說的，因此無法順利推進。這點我很謙虛的認為能夠順利開店這件事，必須要有天時、地利、人和來配合，所以我就交給神來決定。

我記得有一句話是這樣說的：「萬事都互相效力，叫愛神的人得益處。」

我在心裡想「哇！這麼剛好，神都幫我規劃好了。」包括之前找店面，包含現在的員工，彷彿已註定好在那邊等我。我其實不用急，就是等候，等到時間點對了，該來的很快就會出現了。

目前我的事業已經準備好蓄勢待發了，這都要歸功於很多人的幫助，絕不是自己一人可以完成的。

我的「舅舅」分享了一個管理的理念給我，我覺得很棒，也想分享給大家。他說：「什麼叫做管理？管理就是善用別人的能力來完成事情。」原來這就是大老闆的經營和管理的思考方式，對我很受用。

未來我要學習的事情還很多，我要向成功的老闆們看齊，並培養更多有能力的人，才能將事情做遠做大。

用真心結交貴人，以坦率的心建立信任共同合作

走向下一階段創業之路的我，在這時期遇到了幫助我很多的貴人。也就是因為他們才讓我有信心，認為我可以繼續做下去，並且有信心做的到。那就是我的「舅舅」李朝強與「姐姐」李姿慧。

他們兩人和我沒有親戚關係，原來我們是客戶與廠商之間的合作，但經過第一次合作之後，我們就發展出如親人般的融洽關係。

「要有真心才會有貴人」，這是我一直以來根深蒂固的觀念。在二〇二一年疫情爆發前，彼安特公司正在推廣自己品牌的調理機時，找我與雷議宗師傅合作，一同出席品牌一日店長活動。

通常第一次和企業談合作，都是由經紀人先去了解情況，藝人不會先出

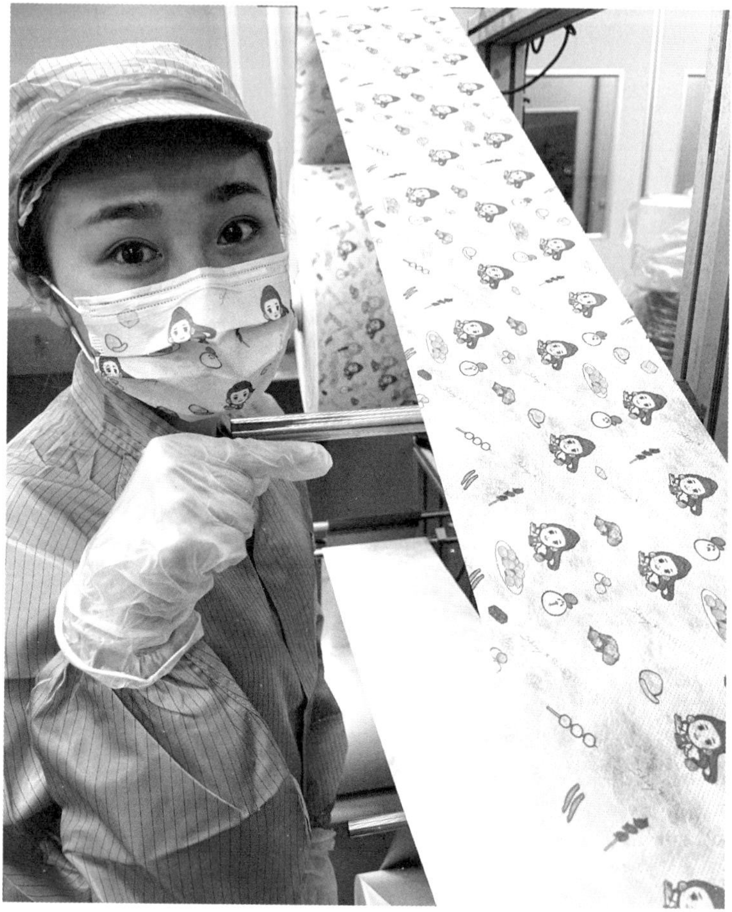

10 我聯名的鹹酥雞口罩

面。由於我對調理機這個產品完全不了解，我必須了解更多產品資訊，才能推薦給消費者，所以我就跟經紀人一起去商談了解情況。

我們從原來的產品一直聊到共同的宗教話題，然後愈談愈契合，也因為很少有藝人第一次見面就能這麼坦率的打開話匣子交心，所以在第一次見面時，我們就互相覺得對方是可以信任的合作對象。

之後，我們又有機會一起合作，推出由我聯名的鹹酥雞口罩[10]。因為商談合作的事情，我們約在台中總公司開會，原本談完後就要回台北。但就在會議結束後的隔一天，北台灣開始爆發疫情進入到三級警戒。

如果我回台北，接下來就很難回到台中進行口罩的聯名活動。因為那時大家的顧慮很多，尤其是口罩工廠，更不能冒著有可能接觸到感染源的風險，所以我就決定留在台中暫時不離開，但也因為這樣的「不得已」，我和他們就有更多時間相處，進而建立了往後的情誼。

因為我們有不錯的交情，所以就開始一起相約出遊。為了幫我過三十歲生日，我們約好一起去澎湖花火節看煙火。說起來運氣也真的不錯，我們搭上疫情停飛前的最後一班飛機回到台中。因為有了這些活動的過程和相處，我們就成為很熟的朋友。

想做鹹酥雞連鎖品牌的想法那時早已萌芽，但沒有說出來，只是心裡想想而已。那段時間和他們相處久了，更熟識後我才就說出自己內心想要成立鹹酥雞連鎖品牌的想法。

之前沒說出來，是因為一直覺得這是我個人的事，但當我講出來後，「舅舅」李朝強就以他的經驗提供我不同的想法，並且還因此找到了台中的店面。

從一個人只有想法，到有貴人的鼎力相助，這絕不是偶然，其中包括因為自己的真心而換來的友情，因為相處發現對方的善良而產生的情誼，進而得到了信任。合作的伙伴一旦有了信任，就自然而然成為能幫助你的貴人，所以我們怎麼能忽視「真」及「善」對於人生轉變的重要性。

在至今的生命歷程裡，我覺得上帝給我最好的禮物，就是在我能量低落或是狀況不好時就會有「貴人」的出現。

在生活中、在工作中，每個人都有可能是我們的貴人，有時只是聽到某個人的一句話對你有所啟發，這個人就會對你產生很大的影響，不必有實質的動作，他也就是我們的貴人。

我認為「貴人是被吸引過來的」。若能以真心對待他人，自然就會有貴人出現。

記得我去擔任科技公司尾牙主持人時，聽到喜愛武俠小說的總經理說：「人在江湖走，誠信要有」這句話，讓我突然很有感覺，而謹記在心裡。我打從心底認為，事業上的誠信非常重要，總經理說的這句話，應該就是未來我當老闆時的座右銘。他就是我未來創業時擁有正確理念的一位貴人。

當我要開店的消息傳出去後，已經有很多贊助廠商來找我，願意免費提供開店的設備，或是系統上贊助我的店。當然我了解廠商的需求，以及希望我做為公眾人物能為他們的產品宣傳，但我不是有人要送我東西，我就會很高興的收下的那種想法。

我第一個會想到的是，我如果拿了別人的東西卻做不好，或是無法達到他們的需求，那該如何交待？所以我一開始就會先評估了解，然後要很明確知道他們的合作條件，才能決定是否接受贊助。

用真心及誠實對待身邊的人與事，以善良的傻勁繼續前進

「以真待人，以誠對事」是通用的法則，不論是用在我的演藝之路，或是在未來開創的事業上，我都會想著這句話。

而能領受到這個道理，都要歸功於我從小到大的不順利和挫折。曾經經歷過那些憤怒的、傷心的、迷惘的往事，都將在我人生的這個新階段和解和放下了。

也許偶爾在午夜夢迴時我還是會想到，可能還是會有些感慨，但那些已經傷害不了我，因為我知道有愛我的你們支持著我。

如果你們跟我一樣，在成長的過程中，曾經有過一些還留在心中的傷痕，就讓我們學著跟過去成長過程中的跌倒說聲「謝謝」。

如果在你們生命中，也有跟我一樣在心中有要感謝的貴人，就讓我們勇敢表達出自己的謝意，謝謝他們在某一段路程中的支持陪伴。

我也要感謝「傻女孩」張文綺，在每次與妳的對話中，我都會再確信，維持「真誠」和「善良」的本性，是我要一直堅持下去的道路。

不是你們揀選了我，
是我揀選了你們，
並且分派你們去結果子，
叫你們的果子常存，
使你們奉我的名，
無論向父求什麼，
他就賜給你們。

約翰福音——15:16

國家圖書館出版品預行編目（CIP）資料

練習與自己對話：願意當個傻女孩 / 張文綺著 .
-- 初版 . -- 臺北市 : 華品文創出版股份有限公司 , 2022.05
面； 公分
ISBN 978-986-5571-58-0(平裝)
1.CST: 張文綺 2.CST: 自傳 3.CST: 臺灣

783.3886 111005091

練習與自己對話——願意當個傻女孩

作　　者　張文綺
文字整理　F 姐
總 經 理　王承惠
財 務 長　江美慧
印務統籌　張傳財
倉儲物流　龍佩旻
編　　輯　張淑芬 張文怡 林怡蓉 歐鳳玲
美術設計　賴佳韋工作室
出 版 者　華品文創出版股份有限公司
公司地址　100 台北市中正區重慶南路一段 57 號 13 樓之 1
倉儲地址　221 新北市汐止區大同路一段 263 號 9 樓
讀者服務專線　(02)2331-7103
倉儲服務專線　(02)2690-2366
E-mail　service.ccpc@msa.hinet.net
總 經 銷　大和書報圖書股份有限公司
地　　址　242 新北市新莊區五工五路 2 號
電　　話　(02)8990-2588
傳　　真　(02)2299-7900
印　　刷　卡樂彩色製版印刷有限公司
初版一刷　2022 年 5 月 3 日
定　　價　新台幣 320 元

ISBN：978-986-5571-58-0